Mut-Proben

Gotthard Fuchs/Irene Leicht

Mut-Proben

Inspirationen für ein
selbstbestimmtes Leben

Patmos Verlag

VERLAGSGRUPPE PATMOS

PATMOS
ESCHBACH
GRÜNEWALD
THORBECKE
SCHWABEN
VER SACRUM

Die Verlagsgruppe
mit Sinn für das Leben

Für die Schwabenverlag AG ist Nachhaltigkeit ein wichtiger Maßstab ihres Handelns. Wir achten daher auf den Einsatz umweltschonender Ressourcen und Materialien.

Umschlaggestaltung: Finken & Bumiller, Stuttgart
Satz: Schwabenverlag AG, Ostfildern
Druck: GGP Media GmbH, Pößneck
Hergestellt in Deutschland
ISBN 978-3-8436-1324-8

Inhalt

Vorwort im Dialog

Irene Leicht (IL): „Nimm hin, es ist mein Geist und Sinn, Herz, Seel und Mut, nimm alles hin": Das Wort Mut in dieser Aufzählung in Paul Gerhardts Weihnachtslied „Ich steh an deiner Krippen hier" finde ich etwas überraschend. Zudem bin ich immer mal stutzig geworden bei einer Bemerkung wie „Das ist aber mutig!", weil ich eine entsprechende Äußerung oder Handlung nicht so qualifiziert hätte. Mut – was ist das eigentlich? Diese Frage hat mich zunehmend beschäftigt. Immer mehr „schöne Begriffe" mit Mut kamen mir in den Sinn: Anmut, Demut, Sanftmut ... 2018 ist mir Almuth begegnet. Das „Stolpern" über diesen Namen war schließlich der Auslöser für die Idee, „Mut von A bis Z" zu betrachten.

Eine Ausführung war dann monatelang nicht möglich. Und im Januar 2020 entdeckte ich die Veröffentlichung „Über Mut"[1]. Da hatte also ein anderer auch schon einen ähnlichen Einfall gehabt. Damit schien das Projekt für mich erledigt.

Ausgelöst durch die Corona-Krise ist die Idee dann jedoch wieder aufgetaucht. Im Unterschied zur genannten Veröffentlichung hatte ich vorrangig ein spirituelles Interesse. Diese Krise wirft Menschen auf sich selbst zurück. Und Mut ist so etwas wie eine innere Qualität. Diese wahrzunehmen, mit ihr in Kontakt zu sein, ihre Entfaltung zu fördern: Das kann meines Erachtens helfen, bei sich selbst besser zu Hause zu sein und dadurch eine solche und andere Krisen zu bestehen.

Lieber Gotthard, wir hatten 2019 ein Schreib-Gespräch miteinander geführt.[2] Das war eine gute Erfahrung für mich. Über alle Unterschiede hinweg scheint

6

uns vieles zu verbinden, vor allem das Interesse an Themen christlicher Spiritualität und Mystik. Im Frühjahr 2020 war ich dann sehr erfreut über deine spontane Zusage, bei diesem Projekt mitzumachen. Was hat dich denn am Thema gereizt?

Gotthard Fuchs (GF): Es ist nicht das Wort „Spiritualität", das ich ob seines inflationären Charakters kaum mehr hören mag. Es wird oft zu abgehoben gebraucht, als käme zum Leben noch etwas Besonderes dazu wie das berühmte Sahnehäubchen. Und das können sich bekanntlich eher die Besserverdienenden leisten. Nein, mir geht es um alle Dimensionen des realen Lebens, um Glück und Unglück, um Tiefen und Höhen, um Geburt und Tod – und das mitten im Alltag. Je basaler und elementarer, desto besser! Deshalb hat mich dein Projekt sofort angesprochen. Das Durchbuchstabieren von Schlüsselwörtern erfüllten Lebens hilft zur Erdung dessen, was wir trotz allem Spiritualität nennen. Es gilt, die Musik in allen Dingen zu hören und im Alltäglichen die andrängende Gegenwart des Göttlichen, nein Gottes selbst, zu entdecken. Verbunden mit diesem Interesse an der „Sache", also der Freude am schrecklich schönen Leben, ist es die Sympathie zu dir und deiner Arbeit, und beides hängt eben zusammen. Da ist die selbstverständlich ökumenische Überzeugung. Da ist das uns so wichtige ständige Gespräch zwischen Theologie und Psychologie, zwischen Seelsorge und Therapie und natürlich unser Bemühen um christliche Glaubensgeschichte und Mystik. Ja, und besonders zum Thema Mut und Demut gehört unsere nun schon lange Tätigkeit in unseren Kirchen trotz allem.

Und dass wir unterschiedlichen Generationen angehören, finde ich auch vielversprechend für unser Projekt.

Wir leben, finde ich, einfach in spannenden Zeiten, in denen ganz neu zu entdecken ist, wie überhaupt authentisches Leben geht und was seine Tiefendimension ist. Das ist entscheidend für den Alltag im Kleinen und das Überleben im Großen. Dazu braucht es bekanntlich dringendst Erfahrungsaustausch und Dialog möglichst vieler, und der gelingt nur im Hin(ein)hören in die eigene Geschichte und die der anderen. Was der große Grenzgänger Dag Hammarskjöld vor bald 70 Jahren schrieb, könnte dafür eine Leitmaxime sein: „Mich durchschwebt die Vision von einem seelischen Kraftfeld, geschaffen in einem ständigen Jetzt von den vielen, in Wort und Taten ständig Betenden, im heiligen Willen Lebenden."[3] Steht unser Vorschlag, elementare Wortfelder des Lebens und Glaubens spirituell zu begehen, ganz im Dienst dieser Vision? Es gehört derzeit wohl zum Wichtigsten, selbst den „Mut der Verzweiflung" kreativ zu nutzen, ihn aber klar auch vom „Mut der größeren Hoffnung" zu unterscheiden.

IL: Das Hammarskjöld-Zitat hat mich neugierig gemacht. Deshalb habe ich recherchiert. Einiges von dem, was in seinem Tagebuch im Jahr 1952 zu lesen ist, hatte ich bei einer mehrere Jahre zurückliegenden Lektüre als bemerkenswert markiert, diese Stelle war nicht darunter. Den ehemaligen UN-Generalsekretär hatte ich bislang vor allem mit dem Mut zur Einsamkeit verbunden. Ein paar Gedanken weiter schreibt er zum Beispiel: „Bete, dass deine Einsamkeit der Stachel werde, etwas zu finden, wofür du leben kannst, und groß genug, um dafür zu sterben." Das war in meiner Ausgabe angestrichen. Dass es in ihm auch diese Sehnsucht nach bzw. die Vision einer „Gemeinschaft der Heiligen" gab, von der er in unmittelbarem Anschluss an das von dir Zitierte spricht, das hatte ich nicht präsent. Gemeinsam ein Buch zu schreiben, sich Gegenüber zu sein, die unterschiedliche Kirchenzugehörigkeit und das Amtsverständnis, das einen Priester und eine Pfarrerin trennt, zu über-„spielen", im Dialog als Mann und Frau auf etwas Drittes sich auszurichten: Für mich bedeutet das auch, die Einsamkeit zu übersteigen, aus der Vereinzelung auszubrechen. Deine Sprachfähigkeit, theologische Kenntnis, Leidenschaft und Originalität faszinieren mich schon seit langer Zeit. Insofern erlebe ich deine Zusage zu diesem Projekt als großes Geschenk. Hammarskjöld hält mir einen Spiegel vor und lässt mich selbstkritisch fragen, ob ich eine im heiligen Willen Lebende bin.

So viel kann ich sagen: Es ist meine Sehnsucht. Und ich wünsche mir, dass unser Buch im Dienst dieser Vision steht. Unsere sichtbaren Kirchen leben von den in Wort und Taten ständig Betenden. Dazu gehören Menschen, die keinen oder kaum mehr Kontakt zu den Institutionen haben. Sie setzen sich ein für Gerechtigkeit, probieren Wege der Gewaltfreiheit und des Friedens, versuchen im Einklang mit der Schöpfung zu leben, sind ihren Mitmenschen in Geduld und Offenheit zugewandt. Vielleicht kann das Buch das seelische Kraftfeld, von dem Hammarskjöld spricht, anreichern – und so denen Unterstützung bieten, die mutig leben wollen.

Du sprichst vom Mut der Verzweiflung. Und neulich am Telefon hast du vom Mut zur Angst gesprochen. Das finde ich sehr anregend. Beim Mut der Verzweiflung kommen mir soziale Verwerfungen und eine kaum auszuhaltende Zerrissenheit in den Sinn, zwischen Armen und Reichen, Gebildeten und Ungebildeten, Etablierten und Abgehängten. Und ich denke an manch Erstarrtes in unseren Kirchen, an Abgründiges wie die sexualisierte Gewalt und die einseitigen, fast ausschließlich männlichen Gottesbilder, an Ehrgeiz und Leistungsorientierung, flache und steile Hierarchien. Sich dem zu stellen, was entzweit (ist), das zu benennen und einen schöpferischen Umgang damit zu suchen: Dazu braucht es bisweilen den Mut der Verzweiflung. Hast du daran gedacht?

„In der Welt habt ihr Angst", heißt es in einem Jesus-Wort (Joh 16,33). Der Mut zur Angst als Voraussetzung dafür, dass das zarte Pflänzchen des Vertrauens wachsen kann: Dieser Gedanke fasziniert mich. Auch dazu möchte ich mehr von dir hören, bevor wir dann auch auf den „Mut der größeren Hoffnung" zu sprechen kommen könnten.

GF: Mut hängt sprachlich ja mit Gemüt zusammen, mit Lebensgefühl und Grundstimmung überhaupt. So wie uns eben zumute ist, in der ganzen Bandbreite der Gemütslagen und mit den Extremen Verzweiflung und Jubel, Unglück und Glück, Trübsal und Hoffnung. Weil wir mit den Grenzen des Wachstums zu leben haben und doch mehr als alles suchen, gehört halt auch die Angst dazu. Darin meldet sich ständig das Wissen um unsere Hinfälligkeit und Zufälligkeit. Trägt das beste theologische Buch über die Angst ja auch den genialen Titel „Mut zum Sein" – eben bis hin zur Verzweiflung im einen Extrem und der lustvollen Bejahung am anderen Pol. Und in der Tat: Die Hoffnung stirbt zuletzt.

Diesen abgründigen Mut zum Sein durchzubuchstabieren – ist es nicht das, was wir mit diesem Büchlein wollen? In gewisser Weise handelt es sich bei „Mut" tatsächlich um die Basiskategorie von Spiritualität, und im indogermanischen Sprachfeld von *gemuete* kommt das gut zum Ausdruck, meint das doch die Grundausrichtung und -neigung des Menschen.

Seit Studienzeiten – ich sehe mich noch im zweiten Semester in der Bibliothek sitzen – fasziniert mich eine Urszene aus den Anfängen des Christlichen. Eine unbekannte Nordafrikanerin namens Secunda ist mit anderen unter dem berühmten Kaiser Marc Aurel verhaftet, weil sie sich weigert, den Kaiser und damit die politische Macht anzubeten. Deshalb wegen Gotteslästerung angeklagt, antwortet sie im Verhör auf die Frage, ob sie Christin sei: „Ja, was ich bin, will ich auch sein" – wohl wissend, dass sie das das Leben kostet.[5] Geht es noch mutiger? Diese eine Frau steht Patin für so viele Menschen in allen Religionen und Kulturen, die sich mit dem bestehenden Unrecht nicht abfinden und Alternativen mindestens offenhalten. Klar wird mit ihrem Zeugnis auch, dass das Christentum von Anfang an und in seinem Glutkern eine Widerstandsreligion ist: Nichts in der Welt darf vergöttlicht oder verteufelt werden! Glaube als Zustimmungs- und Widerstandskraft – das könnte im Sinne Kafkas eine schöne Basisformel für Spiritualität sein, auf die jeder Mensch ansprechbar ist. Es geht um den Heiligen Schöpfer-Geist, der ur-sprünglich Mut macht und das Angesicht der Erde verändert, allen zerstörerischen Kräften zum Trotz.

IL: 500 Jahre nach dem Reichstag von Worms ist in diesem Zusammenhang natürlich auch an den mutigen Martin Luther zu erinnern.

Von Marie Luise Kaschnitz gibt es ein Gedicht mit dem Titel „nicht mutig", das in großer Spannung zu diesem Verständnis von Mut zu stehen scheint:

> Die Mutigen wissen
> Dass sie nicht auferstehen
> Dass kein Fleisch um sie wächst
> Am jüngsten Morgen
> Dass sie nichts mehr erinnern
> Niemandem wiederbegegnen
> Dass nichts ihrer wartet
> Keine Seligkeit
> Keine Folter
> Ich
> Bin nicht mutig.[6]

Gerade um diese Spannung geht es. Wir möchten ermutigen – und beziehen uns dabei vor allem auf das ursprüngliche Verständnis von Mut, das nicht wie das Gedicht von Kaschnitz das vermeintlich Angstfreie, Abgeklärte und Heldenhafte in den Vordergrund rückt. Mit Hoffnungslosigkeit oder dem Überspielen von Angst hat unser Zugang nichts zu tun. Vielmehr gilt: „Mut ist Angst, die gebetet hat." Dieses Zitat wird Corrie ten Boom (1892–1983) zugeschrieben. Mit ihrer Familie zusammen half sie während der Besatzung in den Niederlanden jüdischen Menschen, indem sie sie versteckte und versorgte. Sie wurde denunziert und kam ins KZ Ravensbrück, das sie, anders als ihre Schwester, überlebte. Ein solches Leben – wie das der Secunda aus früherer Zeit – kann ermutigen, die Angst nicht zu verdrängen, sondern mit ihr umzugehen und sie zu überwinden.

GF und IL: Unsere „Mut-Proben" wollen in kleinen oder auch größeren Dosen zum Nachdenken anregen und zum eigenen Erforschen und „Ausprobieren" Impulse geben. Ein mutiges Leben weiß um das Wechselspiel von Innen und Außen, wagt den Kontakt mit dem eigenen „Gemüt" und handelt dem Erkannten entsprechend. Mut erweist sich als Schlüsselwort. Es berührt, auch in den biblischen Sprachen, alle Lebensvollzüge, wie in Paul Gerhardts Lied. Deshalb auch der Untertitel unserer Mut-Proben: „Inspirationen zu einem selbstbestimmten Leben".

Die einzelnen Abschnitte sind im Dialog entstanden. Sie nähern sich bewusst assoziativ den verschiedenen Formen von Mut an. Eigene Wahrnehmungen und Erfahrungen fließen ein. Zudem fragen wir nach biblischen Bezügen und Beispielen aus der Frömmigkeitsgeschichte.[7] So wichtig der Blick in andere Religionen und Spiritualitäten ist, wir schreiben als Christenmenschen – überzeugt, dass wir im interreligiösen Dialog nur weiterkommen, wenn wir mit jeweils klaren eigenen Überzeugungen hineingehen. Dass wir das als evangelische Christin und katholischer Christ tun, ist uns kostbar und gehört auch unmittelbar zum Thema: Es macht Mut auf dem langen Weg zur wirklichen Ökumene aller Seliggepriesenen. Und wer wäre das nicht? Umso mehr sind wir – und die Lektorin Andrea Langenbacher, der wir an dieser Stelle sehr herzlich danken – gespannt auf Ihre Resonanz.

Almut(h)

IL: „Rabbi Schlomo fragte: ‚Was ist die schlimmste Tat des Bösen Triebs?' Und er antwortete: ‚Wenn der Mensch vergisst, dass er ein Königssohn [eine Königstochter] ist.'"[8] Der Mädchenname Almut kommt vom Mittelhochdeutschen „adal muot" – und da steckt der Adel drin. Edelmut hat dieselbe Bedeutung. „Edel sei der Mensch, hilfreich und gut" – manche haben diesen Goethe-Klassiker vielleicht verinnerlicht. Doch es geht nicht um Moral. Der Name Almut kann vielmehr daran erinnern, dass Menschen zur eigenen königlichen Würde berufen sind und entsprechend auch anderen gegenüber edel gesinnt sein können. Als Mädchenname macht Almut zudem deutlich, dass Mut nichts exklusiv Männliches ist.[9]

Aristokratie und Monarchie – aus gutem Grund sind diese Formen von Herrschaft in vielen Ländern der Demokratie gewichen. Doch innere Souveränität sowie das Gespür für die menschliche Würde und Freiheit gilt es wachzuhalten. Insofern sollte in allen Menschen eine Almut stecken. Diejenigen, die ihre eigene königliche Würde bzw. ihren eigenen Edelmut vergessen, werden am ehesten andere herabwürdigen und anderen die Würde absprechen. Was für eine Herausforderung! Auch wenn andere mich abzuwerten und kleinzumachen versuchen, wenn ich angefochten bin und mich selbst infrage stelle: Ich bin geadelt. Es gibt den Adel in mir. Und dieser verpflichtet ...

GF: In den christlichen Traditionen findet dieses geadelte Sein einen symbolischen Ausdruck in der

Taufe. In den katholischen und orthodoxen Kirchen hat sich der alte Ritus der Salbung erhalten: Ähnlich wie das Wasser sind ja Öle ein besonderes Lebens- und auch Heilmittel. In Verbindung mit der Taufe geht es um ein uraltes Krönungsritual für Könige und auch für die Hohepriester. Deshalb trägt Jesus den österlichen Ehrentitel Christus (= der Gesalbte). Wer sich auf seinen Namen taufen lässt, bekennt sich zur königlichen Würde. In der Taufe auf den dreieinigen Gott kommt definitiv heraus, was jeder Mensch in Wahrheit schon ist: Gottes Bild und Stellvertreter*in. Diese Menschen-, ja Gotteswürde besteht unabhängig von der Herkunft, dem sozialen Status oder dem Geschlecht (vgl. Gal 3,28). Deshalb wird dem Petrus und damit allen ausdrücklich von Gott her gesagt, „dass man keinen Menschen unrein nennen darf", also zweitklassig und wertlos (vgl. Apg 10,28).

Alles christliche Tun zielt auf die Bewahrung und Entfaltung dieser Würde. Sehr schön hat das z. B. Meister Eckhart in einer noch feudalen Zeit formuliert, in der es Adlige und Nichtadlige gab: „Wenn ich predige, so pflege ich zu sprechen von Abgeschiedenheit und dass der Mensch ledig werden soll seiner selbst und aller Dinge. Zum Zweiten, dass man wieder eingebildet werden soll in das einfaltige Gut, das Gott ist. Zum Dritten, dass man des großen Adels gedenken soll, den Gott in die Seele gelegt hat, auf dass der Mensch damit auf wunderbare Weise zu Gott komme. Zum Vierten von der Lauterkeit der göttlichen Natur – welcher Glanz in göttlicher Natur sei, das ist unaussprechlich. Gott ist ein Wort, ein unausgesprochenes Wort."[10] Adel ist also ge-

rade nicht eine besonders elitäre Klasse, sondern Gütezeichen jedes Menschen.

Es wäre reizvoll, dieses „Predigtprogramm" Eckharts
in die kleine Münze des Alltags heute zu übersetzen. In
feudalen Zeiten mit Hochadel und anderen Ständen leben wir nicht mehr, aber unmenschliche Unterschiede
und Diskriminierungen gibt es bekanntlich noch genug.
Und das Wort „edel" kommt ja immer noch in verschie-
densten Kontexten vor. Zu betonen ist also damals wie
heute die unfassbare Würde von Gott und Mensch, von
Schöpfer und Geschöpf. Der Mensch soll auf der Spur
Jesu das werden, was er schon ist – und das ist eine unendliche Geschichte. Wir können uns (und die anderen!) gar nicht wichtig genug nehmen – eben als stets
schon Beschenkte und Beauftragte. Es geht um Mensch-
werdung. „Machen Sie's wie Gott, werden Sie Mensch!"
Die gute Almut trägt schon einen programmatischen
Namen.

Anmut

IL: „Unser großer Schmerz ist, dass wir dich ohne Freude lieben, / o du, von dem wir ‚glauben', du seist unser
Jubel; / dass wir ohne Behagen und Anmut / an deinen
Willen gekrampft sind, der unsere Tage bewegt."[11] So
beginnt Madeleine Delbrêl ein Gebet voller Sehnsucht
nach Anmut.

An kleine Kinder denke ich zuerst. Wie sie stehen
und gehen und sich bewegen. In einem Büchlein über
Alexander-Technik findet sich das Bild eines Jungen
und dazu der Kommentar: „Die natürliche Integrität von

Kopf, Nacken und Rücken bei einem kleinen Kind."[12] Das verbinde ich mit Anmut. Sie drückt aus, dass etwas sichtlich integer ist. Es berührt durch seine Übereinstimmung und Stimmigkeit. Ein Menschenkind, das anmutig erscheint, bringt in seinen Gesten und seiner Art, sich zu bewegen, etwas von seiner inneren Zärtlichkeit und Feinheit nach außen. Im Blick auf ein geistliches Leben erinnert Anmut daran, dass Körper und Seele zusammengehören, untrennbar verbunden sind. Spiritualität ist immer auf Leib und Seele bezogen. Die „Ruach" ist das hebräische Wort für die Geistkraft, mit der die jesuanische und göttliche Energie zum Ausdruck gebracht werden kann. Diese feine Kraft, dieser „Anhauch", durchweht den leibhaftigen Menschen und macht ihn so anmutig. Vermutlich kennen die meisten Menschen in leistungsorientierten oder auch autoritären Gesellschaften Verkrampfungen, Verspannungen und Versteifungen im Körper. Und in der Seele nicht minder. Entsprechend groß dürfte, bewusst oder unbewusst, die Sehnsucht nach Anmut sein. Jedenfalls ist es bei mir so. Die Grazie ist der Anmut verwandt. Anmut wächst vermutlich, je mehr Gnade und Zuwendung (lateinisch: gratia) wir zulassen. Dann können Verspannungen und Verkrampfungen sich lösen und es kommt zu flüssigen Bewegungen, die anmutig anmuten.

GF: Spontan verbinde ich Anmut mit Schönheit: das, was einleuchtet und für sich spricht. Das, was ich nicht verändern will, weil es mich fasziniert und fassungslos macht – eine zärtliche Gebärde, eine schöne Blume, ein Gemälde oder ein Musikstück, ein Gesicht oder eine Landschaft. Ich denke auch an Schillers große Gedan-

ken „über Anmut und Würde". Überrascht bin ich
selbst, wie sehr mir auch Resonanzen zum Erotischen
kommen. Natürlich ist es der Mann in mir, der Anmut
feminin buchstabiert. Und es wäre glatt masochistisch,
würde ich nicht auch mit schönen Männern rechnen,
mit dem Zusammenklang von Kraft und Zärtlichkeit
zum Beispiel. In ausdrücklich spiritueller Hinsicht
sprichst du mit Recht von Gnade und Heiligem Geist.
Ich würde das Wort „gottdurchlässig" dazunehmen.
Der „gottgeformte" Mensch, sagte man im Mittelalter,
z. B. im Umfeld Meister Eckharts: Bei diesem zeigt sich
der Zusammenklang von Leib, Seele und Geist im Geheimnis göttlicher Gegenwart. Schon biblisch ist mir
auch das Bildwort von der „Ausstrahlung" wichtig. Darf
man sich Jesus als anmutigen Mann vorstellen, als
Mensch mit göttlicher Ausstrahlung? Paulus jedenfalls
spricht gern von dessen Herrlichkeit, seinem Licht-
glanz, seiner Ausstrahlung – und das paradoxerweise
gerade angesichts seines Leidens und im Blick auf das
Kreuz. Da ist immer jenes Osterlicht schon im Spiel, mit
dem ja die Schöpfung jeden Morgen beginnt. Ich habe
schwer leidende und sogar sterbende Menschen erlebt
sowie gerade Verstorbene gesehen, die diese Leichtig-
keit des Seins hatten, diese Durchsichtigkeit von woanders her. Ich stelle mir die österlich Verwandelten irgendwie anmutig vor – wie in den biblischen Geschichten
von Jesu „Verklärung" bzw. Verwandlung. Ich denke
auch an den, der einladend spricht: „Das ist mein Leib,
mein Leben." Macht er nicht anmutig Gebrauch von
sich – für uns alle? Also gehört schöpferische Selbstver-
gessenheit dazu, das Gegenteil von Verkrampfung, die
ja wohl immer mit dem Tanz ums goldene Ego zu tun

hat. Also wirklich gelöst und erlöst sein, das wär's. Nein, das ist's – eigentlich, wenn's glückt, von Geburt an schon.

IL: Verschiedene Christusbilder wie Porträts von Georges Rouault oder Skulpturen von Michelangelo bringen den anmutigen Jesus zum Ausdruck. Auch im Leiden und am Kreuz erscheint er so. Alle seine Berührungen, seine Gesten und Gebärden: Ich kann sie kaum anders denn als anmutig imaginieren. Selbst das zornige Umstoßen der Geldwechslertische und Taubenhändlerstände im Tempel (Mk 11,15ff). Mit Jesus verbinde ich diese „Schönheit, die von innen kommt".

Vielleicht passt zu solchen „Fantasien", was in der Gestaltpsychologie Anmutung heißt. Gemeint ist eine Art feinstofflicher Wahrnehmung, etwas, das empfunden wird, wofür es aber keine handfesten Belege gibt. Es hängt von meinen Wahrnehmungen, meinen Erinnerungen, meiner Sozialisation ab, in etwas Vagem, nicht ganz Passgenauem „Wesentliches" zu erkennen, eine geltende Wahrheit. Eine befreundete Psychologin und Gestalttherapeutin hat mich in diesem Zusammenhang auf den biblischen Thomas aufmerksam gemacht. Dieser möchte einen „Beweis"; er möchte seinen Finger in die Wundmale des Auferstandenen legen und bekommt zu hören: „Selig sind, die nicht sehen und doch glauben!" (Joh 20,29). Es heißt nicht: Selig, die nicht sehen, sondern glauben. Sehen und glauben werden also nicht komplett gegeneinander ausgespielt. Nicht sehen meint: nichts sehen, was sich fixieren oder empirisch beweisen ließe. Alle Erzählungen vom Auferstandenen bleiben in dieser Schwebe. Da geht einer unerkannt mit den Emmausjüngern mit – und im Nachhinein stellen sie fest, dass ihnen das Herz brannte. Da kommt einer durch verschlossene Türen und die Seinen merken eine besondere Präsenz. Da „erkennt" Maria aus Magdala ihren Freund daran, dass sie sich als beim Namen gerufen erfährt – doch festhalten kann sie ihn nicht. Das alles sind „Anmutungen", Wahrnehmungen, die nicht klares und scharfes Sehen bedeuten, sondern eher ein Spüren, das nicht am Materiellen hängen bleibt. „Selig, die eine Anmutung haben und dieser trauen." So ließe sich Joh 20,29 vielleicht übertragen.

Mit dem gestaltpsychologischen Begriff der Anmutung ist der der Anmutungsqualität verbunden. Diese spiegelt sich in unserem persönlichen System, unseren Empfindungen, Gerüchen, Körper- und Gefühlsreaktionen (Gänsehaut, Schweißausbrüche usw.). Dafür zu sensibilisieren, solche Phänomene ernst zu nehmen und sie zu beachten, erweitert den Zugang zur Wirklichkeit und kann Wesentlichem Raum schaffen. Vermutlich könnten wir nicht glauben, wenn wir nicht solche Anmutungen hätten, Erfahrungen, die nur schwer beschreibbar sind und doch an Wesentliches rühren.

Armut

GF: Sosehr das Wort in unsere Reihung zu passen scheint, es gehört hier nicht her. Ein Blick in die deutsche Wortgeschichte gibt klare Auskunft: Alles, was wir hier unter „Mut" buchstabieren, hat mittelhochdeutsch den Wortstamm „müete" oder „muote" – und das meinte zunächst „Gesinnung", „innere Verfassung", erst viel später dann Tapferkeit. Aber Armut ist schlicht die Abstraktbildung von „arm" – plus der Endung „uote", die an viele abstrakte Begriffe angehängt wurde. So weit zum Wortfeld und seiner Genealogie.[13]

In der Sache wäre „Armut" aber hochwillkommen in unserer Mut-Runde. Braucht es nicht immer Mut, sich nach inneren Werten auszurichten und auf das zu verzichten, was die oberen Zehntausend an Vermögen anhäufen? Nicht der materielle (und immaterielle!) Besitz ist entscheidend, sondern die innere Freiheit und die wirkliche Solidarität mit Mitmensch und Mitgeschöpf! Nicht Haben, sondern Sein! Das ist Grundüberzeugung in den großen Weisheitslehren und zentralen Religionen. Armut heißt ja nicht Elend. Sie ist aber das spirituelle Gegengift zu einem possessiven Welt- und Selbstverhältnis. Wie sähe die Welt aus, wenn wir wirklich solidarisch teilten! Was bräuchte es für einen Mut dazu! Nicht zufällig spielt das Thema „Armut um des Reiches Gottes (und also der Mitgeschöpflichkeit aller) willen" gerade biblisch und christlich eine zentrale Rolle. Man denke nur an den Bruder Franz aus Assisi und seinen Namensvetter in Rom und dessen Botschaft.

IL: Für Franziskus von Assisi war das ein Schlüsselerlebnis: Im abstoßenden, unansehnlichen Aussätzigen am Stadtrand erkannte er den Aussatz seiner eigenen Seele. Als reicher und privilegierter Kaufmannssohn wurde ihm schlagartig klar, dass er mindestens genauso arm war, wenn nicht noch ärmer als der randständige Aussätzige. In seiner Umarmung des Aussätzigen wurde er zu dem mit den Armen solidarischen Bruder. „Frau Armut" wurde seine Geliebte.[14] Diese Geschichte und ihre Folgen faszinieren und provozieren immer neu. An die biblische und göttliche „Option für die Armen" hat insbesondere auch die lateinamerikanische Befreiungstheologie erinnert. Höchste Zeit, dass die Kirchen sich daran orientieren. So würden sie zur Heilung gesellschaftlicher Verwerfungen beitragen. Klar auch, dass ich da bei mir selbst anzufangen habe ...

GF: Genau das ist die Einladung und Herausforderung. Meister Eckhart „predigt" zur ersten Seligpreisung: „Das ist ein armer Mensch, der nichts will und nichts weiß und nichts hat."[15] Damit ist nicht der willensschwache, lernfaule und unvermögende Mensch gemeint – im Gegenteil, Eckhart selbst war ein höchst willensstarker, hochgebildeter „Könner". Nein, es ist der Mensch gemeint, der sich nicht mehr durch Herrschaftswissen (auch über andere!), nicht mehr durch Ego-Willen und nicht durch sein Vermögen (im Kopf und auf dem Bankkonto) definieren muss, sondern von woanders her lebt, aus seinem „grunt", und also aus Gott und in ihm. Und „wem es an Gott nicht genügt, der ist allzu habgierig"[16]. Mit Armut ist also zugleich Freiheit gemeint, absichtslose Präsenz und entsprechende Empfänglichkeit für das, was dann dran ist.

Natürlich soll auch alles bestehende Elend beseitigt werden, und niemand sollte real arm sein. Der solidarische Einsatz für maximale Gerechtigkeit schließt aber diese innere, geistliche Armut ein, die schon Matthäus (5,3) im Sinn hatte, ebenso Franziskus und Meister Eckhart und in jüngster Zeit all die befreiungstheologischen Ansätze, gerade auch in den Initiativen und Texten des Papstes.

Bekennermut

GF: Sofort denke ich an den 20. Juli oder an Mahatma Gandhi oder an Malala Yousafzai – also an Mitmenschen, die ihre Überzeugung auch angesichts von Widerständen fast heroisch behaupten. Und da käme eine erstaunliche und ellenlange Liste weiterer Frauen und Männer zustande, angefangen vielleicht bei Antigone und Sokrates. Und Johannes der Täufer und Jesus hätten rein historisch einen besonderen Platz. Mit Stephanos beginnt jene mächtige Bewegung von Märtyrer*innen, die heutzutage mächtiger ist denn je. „Man muss Gott mehr gehorchen als den Menschen" (Apg 5,29) – dieser lukanische Kernsatz ist ihr Mantra. Natürlich ist ebenso all der Nichtchristen zu gedenken, die ebenfalls um ihres Glaubens an Gerechtigkeit und Menschlichkeit willen sterben mussten und müssen.

Wenn ich Bekennermut jedoch allzu schnell mit all den Märtyrer*innen in Verbindung bringe, laufe ich Gefahr, Zivilcourage und Widerstandskraft zu heroisieren – und sich deren Herausforderung letztlich vom Leibe zu halten. Flagge zu zeigen und klare Standpunkte zu vertreten, ist ja fast täglich gefragt. Es setzt freilich voraus, dass wir uns berührbar machen und uns dort wirklich einmischen, wo es geboten ist. Nichts ist ja auf Dauer gefährlicher, als offenkundige Probleme unter den Teppich zu kehren und fällige Konflikte herunterzuspielen oder ganz zu verdrängen. Wie viel Elend ist schon durch Duckmäusertum und Leisetreterei entstanden! Beziehungen werden giftig, Freundschaften sterben weg, und sprichwörtlich sind die bloßen Mitläufer*innen nicht nur in der Nazi-Zeit. Die Angst, aufzufallen und Schwierigkeiten zu bekommen, bleibt dann zu mächtig. Der Bekennermut fängt damit an, dass man sich dieser Angst bewusster wird und sie ohne Beschönigung annehmen lernt. Denn in jeder Angst steckt, wie verkapselt auch immer, schon der Mut, der herauswill. George Bernanos z. B. hat das in seinem Theaterstück „Die begnadete Angst" dramatisch beschrieben. Manche bringen durch Erziehung und Schicksal so viel Stehvermögen schon mit, dass sie sich ungeniert einmischen und die Last auch einsamer Entscheidungen gegen den Mainstream ohne allzu große Angstbarrieren schaffen. Immer geht es um den Mut, ein Selbst zu werden und dafür einzustehen. Doch „bei vielen Menschen ist es bereits eine Unverschämtheit, wenn sie Ich sagen"[17]. So sehr leben sie von der Stange und dem, was angeblich alle tun. Bekennermut braucht in der Haltung das Bemühen um authentisches Leben und in der Sache gute Überzeugungen bzw. Argumente, für die sich zu leben und letztlich sogar zu sterben lohnt. Derzeit stehen z. B. demokratische Grundwerte auf dem Spiel und in der Diskussion. Alternative Lebensstile sind angesichts der Klima- und Flüchtlingskatastrophen dringend geboten. Hier zeigt sich Bekennermut in der kleinen Münze alltäglichen Verhaltens.

IL: Du hast als Gefahr genannt, Bekennermut den großen Märtyrer*innen zuzuschreiben und ihn sich so vom eigenen Leib zu halten. Diese Gefahr besteht gewiss. Doch ich sehe noch andere Probleme, die mit diesem Begriff und der Sache, um die es dabei geht, verbunden sind. Es mag vielleicht kleinlich scheinen, aber mich stört an dem Begriff „Bekenner" auch, dass durch das generische Geschlecht Frauen ausgeschlossen oder eben „mitgemeint" sind. Wenn wir neutraler von Bekenntnissen sprechen, dann kann ich mein Unbehagen deutlicher machen. Im kirchlichen Kontext gibt es vor allem zwei Arten von Bekenntnissen. Und beide haben ihre Tücken.

Da sind zum einen die überlieferten Glaubensbekenntnisse in der christlichen Tradition, vom apostolischen über das nizänisch-konstantinopolitanische bis zu den Bekenntnisschriften der aus der Reformation hervorgegangenen Kirchen. Sie hatten und haben ihre Bedeutung für den inneren Zusammenhalt der Kirchen, als Konsens- und Kompromisstexte, auf die man sich verbindlich einigt. Aber sie kleiden Glaubensinhalte in Bilder, die zeitbedingt und heute kaum mehr verständlich sind. Ihnen liegen Fragen und Probleme zugrunde, die sich von den heutigen unterscheiden. Insofern braucht es immer neu den Mut zur Übersetzung und zum eigenen Bekenntnis, natürlich auch in der Auseinandersetzung mit den überlieferten Bekenntnissen. Dabei sollte eines klar sein: Im Fokus eines Glaubensbekenntnisses steht, jedenfalls christlich, eine liebevolle Beziehung und nicht eine Lehraussage – nur so sind auch die überlieferten Bekenntnisse richtig zu verstehen. Von Aldous Huxley stammt die sarkastische Bitte: „Unseren täglichen Glauben gib uns heute, und erlöse uns von den Bekenntnissen."[18] Wenn Glaubensbekenntnisse eingefordert und diese im Sinne von Satzwahrheiten verstanden werden, dann finde ich Huxleys Kritik berechtigt. Glauben bzw. Vertrauen reichen tiefer und sind existenziell wichtiger als Bekenntnisse bloß in Worten. Die Verpflichtung auf Bekenntnisse bei der Übernahme eines Amtes zum Beispiel in unseren Kirchen: Da würde ich mir mehr Freiheit wünschen und mehr Mut zu eigenen Formulierungen.

Zum anderen ist an dieser Stelle von Schuldbekenntnissen zu reden. Mit ihnen ist in der Geschichte des Christentums immer wieder und reichlich Missbrauch getrieben worden. Eine machtförmige Kirche und einzelne Kleriker haben die Beichte eingefordert, um Menschen klein und abhängig zu halten. Und zugleich haben die Kirchen als Institutionen sich meistens schwer damit getan, Schuld einzugestehen im Blick auf ihr eigenes Versagen in Geschichte und Gegenwart. Die berühmte, auch auf internationalen Druck hin entstandene Stuttgarter Schulderklärung vom 19.10.1945 möge hier als Beispiel dienen. Die Evangelische Kirche in Deutschland hat mit dieser Erklärung ihre Mitschuld an den Verbrechen des Nationalsozialismus bekannt. Manche waren damals empört, weil sie sich eher unschuldig wähnten bzw. die Schuld der anderen zu wenig berücksichtigt fanden und die implizite Unterstellung einer Kollektivschuld von sich wiesen. Andere vermissten die Erwähnung von Antisemitismus und Massenmord an Menschen jüdischen Glaubens. Aus dem zeitlichen Abstand heraus ist heute jedoch vor allem zu kritisieren, dass das Bekenntnis fast schon einem selbstbezüglichen Freispruch ähnelt. Es heißt dort: „Mit großem Schmerz sagen wir: Durch uns ist unendliches Leid über viele Völker und Länder gebracht worden. Was wir unseren Gemeinden oft bezeugt haben, das sprechen wir jetzt im Namen der ganzen Kirche aus: Wohl haben wir lange Jahre hindurch im Namen Jesu Christi gegen den Geist gekämpft, der im nationalsozialistischen Gewaltregiment seinen furchtbaren Ausdruck gefunden hat; aber wir klagen uns an, dass wir nicht mutiger bekannt, nicht treuer gebetet, nicht fröhlicher geglaubt und nicht brennender geliebt haben."[19] Hier wird für sich selbst beansprucht, mutig bekannt, treu gebetet, fröhlich geglaubt und brennend geliebt zu haben – halt nur nicht genug. Das tatsächliche Ausmaß der Schuld wird kleingeredet.

In der Regel kostet es Überwindung und braucht innere Kraft, Mut eben, eigene Schuld zu bekennen. Doch dieses Er- und Bekennen ist der Königsweg, um freier zu werden von dem, was die Schuld an Be- und Unterdrückung mit sich bringt. Schuldbekenntnisse können Räume des Heiler-Werdens sein. Die Herkunft des Wortes Beichte hängt mit „bejahen" zusammen. Genau darum geht es: Was ist, ist – das gilt es zunächst einmal zu bejahen. Nicht wegzudrücken, abzuwehren, zu verdrängen, zu beschönigen oder wegzurationalisieren. Nur so kann es auch zur „Buße", zur Besserung (diese beiden Wörter sind verwandt) kommen. Was zu- und damit auch abgegeben wird, erfährt spürbar Vergebung. Um diese freier und leichter machende Vergebung und Entlastung ging es zentral in Jesu Reden und Handeln.

Wahre Bekenntnisse müssen also unbedingt mehr sein als bloße Lippenbekenntnisse. „Wenn ihr betet, redet nicht endlos wie die Menschen aus den Völkern, die meinen durch viele Worte erhört zu werden." So heißt es in der Bergpredigt (Mt 6,7 BigS; vgl. auch Mt 7,21). Ein Bekenntnis ohne eine Beteiligung des Herzens lässt die Bekennenden trostlos zurück und verstellt den Weg zur Erfahrung der Gegenwart Gottes. Zudem ist es ohne Ausstrahlung. Es entbehrt der inneren Qualität des Mutes. Um auf den Anfang des Abschnitts zurückzukommen: Die ihre Überzeugungen gelebt oder gar mit dem Leben bezahlt haben, faszinieren ja gerade wegen der Übereinstimmung von Wort und Tat.

Christenmut

IL: „Wider die Resignation in der Kirche" fordert Paul Michael Zulehner „Christenmut".[20] Er zählt auf, was diesen seiner Ansicht nach kennzeichnet. Zwei Punkte seien zitiert:

„Wer Christenmut lernen will, muss sich darauf besinnen, was diesem entgegensteht: z. B. eine in unserer Kindheit erlernte falsche Gehorsamsbereitschaft. Wir passen uns (oftmals opportunistisch) an, um die Liebe der ‚Väter' und ‚Mütter' nicht zu verlieren. Wer Christenmut lernt, wird freier."

Und: „Christenmutige handeln gewaltlos. Denn Gewalt mindert nicht nur Ungerechtigkeit nicht, sondern schafft immer auch neue. Gewaltlose ändern ihr Bewusstsein und ihr Handeln. Gewaltloses Handeln ist alles andere als In-Ruhe-gelassen-Werden, Sich-heraushalten, Schweigen."

GF: Aber diese großen Programmworte haben ihre Tücken, solange nicht von den Ängsten und Widerständen gesprochen wird. Warum fangen denn so viele Glaubensgeschichten mit dem „Fürchtet euch nicht" an? Das Normale scheint zu sein, dass unsereiner sich von einer bestimmten Grenze aus so leicht nicht traut und aus der Deckung wagt. Es braucht Ermutigung durch andere, es braucht Meditation und Gebet. Und wenn wir dann über unseren Schatten und mutig in die Bresche springen, hat es immer mit Geschenk und Gnade zu tun. Es sei die göttliche Ruach, die Christenmenschen befähigt, auch angesichts von Widerständen und sogar Lebensgefahr für Gerechtigkeit einzustehen, bezeugt schon die Bibel (z. B. Mt 10,20).

Courage

IL: Das französische Wort für Mut passt wunderbar in ein geistliches Lexikon des Mutes. Das Wort macht deutlich, dass Mut eine Herzenssache ist, mit Beherztheit zu tun hat. Mit Courage verbindet sich der Wunsch, der sich manchmal am Ende von Briefen als Gruß findet: Bon Courage! Guten Mut! Das verleiht Flügel, gibt Schwung zur Zuversicht. Die „eingedeutschte" Zivilcourage beleuchtet einen weiteren Aspekt. Couragierte faszinieren, inspirieren, animieren – sie legen Finger in Wunden und halten durch ihr Reden und Handeln einer trägen und feigen Gesellschaft den Spiegel vor.

GF: Zivilcourage ist ein großes Wort, das im alltäglichen Durchbuchstabieren erhebliche Schwierigkeiten bereiten kann. Was hab ich schon für eine Angst, wenn ich in der S-Bahn überlaute und aggressive Leute konfrontieren will. Sofort erhöht sich spürbar der Blutdruck. Und das ist ja eine relativ harmlose Sache. Was Menschen in Hongkong, Belarus oder Myanmar wagen, wenn sie für Gerechtigkeit auf die Straße gehen, ist ein ganz anderer Grad von Mut. Gerade beim Befürworten von Zivilcourage – lebenswichtig für aufrichtigen Umgang miteinander im Großen wie im Kleinen – sind also die inneren und äußeren Widerstände in den Blick zu nehmen. Vielleicht fängt alles mit einer ehrlichen Kultur der Angstwahrnehmung an, also schon mit einer ehrlichen Analyse von faulen Ausreden und dem gerade kirchlich ausgeprägten Harmonismus. Ohne schöpferisches, konfliktfähiges Herangehen (= Aggression) läuft eben nichts. Es braucht die Kraft, sich mit Gründen einzumischen und für Überzeugungen einzustehen – gerade in *Zivil*gesellschaften.

IL: Die Angst, die auftaucht, ist sehr wichtig; sie warnt vor der Gefahr. Im Blick auf alltägliche Situationen wie die von dir geschilderte in der Straßenbahn: Es wäre eine große Hilfe, wenn sich Menschen öfter verbünden würden. Dahin geht meine Sehnsucht. Das würde die Gefahr reduzieren, manches einfacher machen und wäre wirkmächtiger. Gleichwohl scheint es meist doch so zu sein, dass Zivilcourage zunächst jedenfalls eine Sache von Einzelnen ist.

Die Ökonomin Maja Göpel macht deutlich, wie viel Mut erforderlich ist für das „Unsere-Welt-neu-Denken".[21] Am Ende ihres Buches fasst sie zusammen: „In einer demokratischen Gesellschaft sind wir nicht nur auf den Mut der Politik angewiesen, sondern auch auf den der Bevölkerung, ihr den Rücken zu stärken." Neben dem Mut, „mit der Gewohnheit zu brechen, alles und jedes in Geld umzurechnen", bedarf es noch jeder Menge weiterer Initiativkraft auf allen Ebenen, bis dahin, „jene Wissensinhalte in die Schulen und Lehrbücher zu bringen, die uns die Klarheit, die Kompetenzen und den Mut vermitteln, die das 21. Jahrhundert braucht".

Demut

GF: Lange im Verdacht, bloß zu Duckmäuserei oder Selbstabwertung zu führen, gewinnt dieses Kernwort christlicher Spiritualität seinen Sinn aktuell wieder zurück, selbst in der großen Politik spricht man davon. Angesichts der Umweltzerstörung mahnen viele Demut an: also Respekt vor der Mutter Erde. Demut meint in der Tat die Anerkennung der ganzen Realität, und die ist höchst begrenzt und endlich. Freilich wurde das Wort auch zur religiösen Verbrämung von Eigensucht und Macht missbraucht – frei nach dem Kalauer: „In meiner Demut übertrifft mich niemand." Hellsichtig hatte diese Perversion auch Nietzsche in der Persiflage eines Bibelwortes analysiert: „Lucas 18,14 verbessert: ‚Wer sich selbst erniedrigt, will erhöht werden.'"[22]

Das lateinische Wort *humilitas* gibt einen entscheidenden Wink zu einem angemessenen Verständnis: Demut impliziert das Geerdet-Sein, auf den Boden (humus) der Tatsachen kommen, auf dem Teppich bleiben. Es ist ja z. B. paradox, dass alle meditative Sehnsucht nach oben zum Göttlichen hin damit beginnt, dass ich mich setze und erde. Ohne dieses „grounding" keine Meditation! Es geht also um illusionslos genaue Selbst- und Wirklichkeitswahrnehmung. Simone Weil meint, nichts sei für gelingendes, also für geistliches Leben wichtiger als die Meditation und Akzeptanz der eigenen Dummheit und Mittelmäßigkeit.[23] Die Erdung des eigenen Lebens und Verhaltens hat heutzutage natürlich einen immens ökologischen Zusammenhang: Eine Kultur wirklicher Mit-Geschöpflichkeit kann nur gelingen, wenn alle die Grenzen des Wachstums draußen und drinnen ernst nehmen und zu wahrer Bescheidenheit finden – ganz im Sinne des biblischen Schöpfungsauftrags. Demnach hat jeder Mensch teil an der göttlichen Gärtnerkunst und soll diese kreativ und originell verwirklichen.

Entsprechend hat sich Jesus verhalten – im Widerstand gegen unschöpferische und schlechte Verhaltensweisen und in Ergebung in seine Grenzen. Vom Althochdeutschen her meint Demut den Mut zu dienen. Genauso begegnet uns Jesus im Neuen Testament. Er wird uns als „sanftmütig und von Herzen demütig" vor Augen gestellt (Mt 11,29). Er setzt Maßstäbe mit seinem Mut, sein Leben zu verausgaben für viele (Mk 10,45). Er ist schlechthin „der Mensch für andere", wie Bonhoeffer schrieb.[24]

Demut ist christlich also das Gegenteil von fatalistischer Ergebenheit oder rückgratloser Hingabe. Demut als Mut zu dienen hatte in feudalen Zeiten einen durchaus positiven Klang. Denn vorausgesetzt ist stets, in einem größeren gemeinschaftlichen Gefüge aufgehoben zu sein und, wenn auch hierarchisch, Stellung zu haben. Doch leider sind in patriarchalen Kontexten gerade Frauen immer wieder in sehr negativer Weise zu bloßen „Dienstmägden" erniedrigt worden, ohne Selbstbestimmung und aufrechten Gang. „Mein Lohn ist, dass ich dienen darf": Diese verordnete und oft verinnerlichte Haltung führte zu skandalösen Formen von (Selbst-) Ausbeutung. Das gehört zu den Schattenseiten der so bedeutenden Geschichte von Diakonie und Caritas. Dass der Mut zum Dienen im Sinne Jesu wesentlich mit Freiheit und Freude zu tun hat und aus dem Herzen Gottes kommt, ist neu zu entdecken – eine der wichtigsten Ressourcen in und für die Welt heute.

IL: Wie könnte die Berufung gelebt werden, dienstbare und dienstwillige Mägde und Knechte zu sein (vgl. Lk 17,7–10)? Die Ärztin und Erzählerin Rachel Naomi Remen veranschaulicht, was dienen bedeutet, indem sie es vom Helfen und Reparieren abgrenzt. Durch ihre „Geschichten, die der Seele gut tun" zieht sich das Nachdenken über das Dienen wie ein roter Faden. Unter der Überschrift „Zugehören" schreibt sie: „Dienen besteht im Grunde darin, dass wir das Leben persönlich nehmen, dass wir uns von den Leben anrühren lassen, die mit unserem Leben in Kontakt kommen. [...] Wahres Dienen ist nicht wie die Beziehung eines Experten zu einem Problem. Es ist etwas viel Echteres. Es ist eine Beziehung zwischen Menschen, die das gesamte Potential der eigenen Menschlichkeit in eine Situation einbringen und es großzügig miteinander teilen. Dienen geht über Kompetenz hinaus. Dienen ist eine andere Art zu leben.

Oft helfen wir anderen, aber wir dienen ihnen nicht wirklich. Jene, die helfen, sehen das Leben anders als jene, die dienen, und sie haben auch eine andere Wirkung auf das Leben. Es ist nicht leicht, den Menschen, dem man hilft, nicht als jemanden anzusehen, der schwächer ist als wir selbst, bedürftiger. Wenn wir helfen, werden wir uns unserer Stärke bewusst, weil wir sie einsetzen. Andere werden sich unserer Stärke ebenfalls bewusst und mögen sich dadurch herabgesetzt fühlen. Aber wir dienen nicht durch unsere Stärke, wir dienen durch uns selbst."[25]

Die spanische Mystikerin Teresa von Avila schenkt uns einen weiteren Zugang zur Demut. Sie fragt sich, warum Demut eine so wichtige Tugend sei, und findet die Antwort: „Weil Gott die höchste Wahrheit, und Demut in der Wahrheit leben ist."[26] Gott als Wahrheit, Jesus als der, der dem Johannes-Evangelium zufolge von sich sagt: „Ich bin der Weg und die Wahrheit und das Leben" (Joh 14,6): Was bedeutet es, in der Christus- bzw. in der göttlichen Wahrheit zu leben? Damit sind Einsichten verbunden wie: Das Wesentliche kommt mir zu. Die Liebe fließt mir zu. Ich weiß um meine Endlichkeit. Ich kann das Leben nicht schaffen, und ich kann das Leben nicht erhalten. „Gott" ist die Wahrheit. Ich bin angewiesen: auf das Geschenk des Lebens mit jedem Atemzug neu, auf Liebe, auf Vergebung, auf ein Ja, das mir zugesagt wird. Nur was ich an Liebe, Vergebung, Bejahung geschenkt bekomme(n habe), kann ich weiterschenken. – Das und anderes mehr ist Demut in diesem Sinn: die Einsicht in die eigenen Grenzen und Bedingtheiten sowie – im Unterschied dazu – in die grenzen- und bedingungslose göttliche Liebe und Kraft.

Nochmals anders und zunächst vielleicht überraschend akzentuiert Dag Hammarskjöld das Wesen der Demut. Im Tagebucheintrag an seinem 54. Geburtstag formuliert der schwedische UN-Generalsekretär:

„Demut ist in gleichem Grade der Gegensatz zur Selbstdemütigung wie zur Selbstüberhebung. Demut heißt *sich nicht vergleichen*. In seiner Wirklichkeit ruhend ist das Ich weder besser noch schlechter, weder größer noch kleiner als anderes oder andere. Es *ist* – nichts, aber gleichzeitig eins mit allem. In diesem Sinn ist Demut völlige Selbstvernichtung. In der Selbstvernichtung der Demut nichts zu sein und doch in der Kraft der Aufgaben ganz *ihr* Gewicht und *ihre* Autorität zu verkörpern, ist die Lebenshaltung des Berufenen."[27]

GF: Die kapitalistische Wirtschaftsordnung lebt von der Ökonomisierung des Vergleichens. Alles wird bewertet, ab- und aufgewertet. In unseren Schulsystemen mit den ständigen Benotungen, dem Internet mit seinen Rankings und Likes sowie in den Sendungen, die sich auf die Suche nach Superstars und Topmodels begeben, schlägt sich nieder, wie sehr diese Form von Ökonomie unser Leben prägt. Sich vergleichen wird uns gleichsam in die Wiege gelegt. Demut leben wäre Hammarskjöld zufolge das Kontrastprogramm zu dieser Dynamik.

Teresas und Hammarskjölds Lesarten von Demut scheinen nur auf den ersten Blick kaum zusammenzupassen. Hammarskjöld sagt: Das Ich ist „nichts" – und dieses „in seiner Wirklichkeit ruhend" bedeutet im Grund dasselbe wie Teresas „in der Wahrheit leben". Das ist wohl die Wahrheit, die beide meinen: Ohne Teilhabe am göttlichen Leben, ohne das Vertrauen darauf, verbunden zu sein, sind wir nichts und weniger als nichts, „Staub" oder „wie Gras, das aufsprosst. Am Morgen blüht es und wächst empor, am Abend welkt es und verdorrt" (Ps 90,5–6). Allein von der göttlichen Ewigkeitsperspektive her sind wir „eins mit allem".

Hammarskjölds „Selbstvernichtung", besser: Selbstvernichtigung hat nichts Destruktives oder Quietistisches an sich. Dieses Wort aus der mittelalterlichen

Mystik markiert vielmehr ein grundlegendes Paradox: Je mehr der Mensch in der Beziehung zu Gott seine Nichtigkeit und Begrenztheit (an-)erkennt, desto mehr entdeckt er zugleich seine einmalige Wichtigkeit. Hammarskjöld zeigt in seinem Werk und Wirken eindrücklich, dass Demut Selbstbewusstsein und Initiativkraft nicht nur nicht ausschließt, sondern schöpferisch freisetzt. In den realen Aufgaben erweist sie sich. In einer Dienst(leistungs)gesellschaft wie unserer wäre die Demut im Sinne Hammarskjölds neu zu interpretieren. Sie meint dann eben nicht den ökonomisch konnotierten, evaluierbaren „Service", sondern eine je einmalige Bewegung und Begegnung von Mensch zu Mensch.

Einmütigkeit

GF: „Seid eines Sinnes untereinander" (vgl. Röm 15,6; Phil 1,27), mahnt Paulus. Hier geht es um eine Gleichsinnigkeit, ein Klima grundsätzlicher Übereinstimmung und Verbundenheit. Und das ist bekanntlich ein hohes Gut, im gesellschaftlichen wie im privaten Leben. Das Normale sind ja eher Auseinandersetzungen, Missverständnisse und Konflikte – durchaus auch im religiösen und spirituellen Bereich.

Am Ende des ersten Jahrhunderts musste der Evangelist Lukas ein Idealbild der christlichen Gemeinde beschreibend in die Anfänge zurückerzählen, weil es in seiner Gegenwart offenkundig Spannungen und Streit genug gab. „Tag für Tag verharrten sie einmütig im Tempel, brachen in ihren Häusern das Brot und hielten miteinander Mahl in Freude und Lauterkeit des Herzens.

Sie lobten Gott und fanden Gunst beim ganzen Volk" (Apg 2,46f). Einmütigkeit wird hier narrativ im Rückblick beschworen, um sie für die Gegenwart anzumahnen. Gerade christlich soll eben ein Klima der Einheit und Einigung herrschen, der Verbundenheit und Achtsamkeit – und das will ständig erbetet und erarbeitet sein. Zu groß sind offenkundig die Fliehkräfte.

Nicht zuletzt christliche Ordens- und Glaubensgemeinschaften haben dazu beigetragen, dass Einmütigkeit (unanimitas) zu einem Prinzip gemeinschaftlicher Entscheidungsfindung überhaupt wurde.

IL: Eindrücklich orientiert sich die Bewegung der Quäker*innen an diesem Prinzip. Auf ihrer Homepage findet sich folgende Beschreibung: „Die Frage, auf die unser Verfahren antwortet, lautet weder ‚Wie stimmen wir ab?' wie in einem Mehrheitsentscheidungsverfahren, noch ‚Worauf können wir uns einigen?' wie in einem Konsensmodell. Die Frage ist vielmehr ‚Wie werden wir geführt?'. Es geht nicht (nur) um den Einzelnen und nicht (nur) um die Gemeinschaft, sondern auch und zuerst um die Führung durch das Innere Licht, das in uns allen, einzeln und als Gemeinschaft, wirksam ist.

Einmütigkeit ist nicht dasselbe wie Einstimmigkeit. Mit einer musikalischen Metapher gesprochen: Auch und gerade unterschiedliche Noten können in ihrer Vielstimmigkeit einen Akkord oder eine Melodie von simpler und schöner Klarheit erzeugen. Jeder von uns bringt – mit seiner Lebenserfahrung und seiner persönlichen Erfahrung der Gegenwart des Geistes – andere Töne in unsere Entscheidungsfindung. Wenn diese Vielstimmigkeit Musik produziert, sind wir einmütig. Wenn auch nur ein/e einzelne/r Freund/in nicht mitspielen kann, seinen oder ihren Klang nicht einbringen kann in etwas, was eigentlich schon gut klingt, dann haben wir den Zustand der Einmütigkeit noch nicht erreicht. Dann müssen wir zurück in die andächtige Stille gehen und auf Einmütigkeit warten, und wenn wir keinen einmütigen Beschluss fassen können, müssen wir ihn vertagen."[28]

Vielstimmigkeit und Einmütigkeit werden bei den Quäker*innen also zusammengespannt. Das finde ich sehr anregend, gerade auch im Blick auf die vielfältige Arbeit in (kirchlichen) Gremien. Eine Voraussetzung ist, dass jede Stimme sich einbringt und niemand Zustimmung oder auch Ablehnung einfach durch Schweigen ausdrückt. Inspirierend ist natürlich vor allem die Orientierung am Inneren Licht, die dieses Dritte jenseits von Mehrheitsentscheidung oder Konsens ermöglicht.

Entmutigung

IL: Jemandem aktiv das Mütchen zu kühlen kann angesagt sein, wenn diese Person allzu tollkühn erscheint und Gefahr läuft, sich selbst und andere an Leib und Seele zu schädigen. Schöpferisches Desillusionieren hilft hier, auf den Boden der Tatsachen zu kommen.

Doch entmutigt zu werden, tut weh. Es zieht runter und bedrückt, macht bisweilen sogar depressiv. Insbesondere Kindern widerfährt das häufig. Diese Begrenzungen des Selbstvertrauens können so gravierend sein, dass es lange braucht, bis wieder Mut gefasst wird. Insofern ist mit diesem Wort die selbstkritische Frage verbunden: Wo entmutige ich andere? Und wo trage ich frühere Entmutigungen als versteckten Groll oder innere Unsicherheit mit mir herum?

GF: Da lauern in der Tat große Gefahren. Wenn ich selbst z. B. unsicher bin und es vor mir und anderen nicht zugeben kann, werde ich das leicht auf andere übertragen und nicht gerade ermutigend wirken. Wo Neid oder ungute Konkurrenz herrschen, wächst bekanntlich die Gefahr, dass man andere klein macht oder auf Schwächen festlegt. Es bräuchte ja eigentlich die innere Freiheit und Freude, die anderen in ihrem Anderssein gerade zu würdigen und in ihrer Entfaltung zu fördern. Wo wir selbst im Hamsterrad von Grandiosität und Depression gefangen sind, verstärken wir eher einen Strudel der Entmutigungen, der runterzieht. Aufbauend und bejahend von sich und anderen zu denken und entsprechend zu leben, will gelernt sein. Dazu braucht es den schöpferischen Umgang mit all den inneren Verhinderern und Störenfrieden, den Ober- und Unterteufeln, durch die wir selbst entmutigt wurden.

IL: Im pädagogischen und therapeutischen Zusammenhang wie natürlich auch im seelsorglichen und spirituellen braucht es Wachheit, Kompetenz und Feingefühl, um diese destruktiven, entmutigenden Mächte und Tendenzen aufzuspüren und so deren Entmachtung zu ermöglichen.

GF: Um nochmals auf den Anfang zurückzukommen: In der Bibel gibt es viele Geschichten, wo es Gott selbst ist, der hoch- und übermütige Menschen konfrontiert und entmutigt. Gottes Gericht nennt man das: seine Initiative zur Kurskorrektur, zur Neuausrichtung, zur Justierung der Verhältnisse. Eindrücklich z. B. die Geschichte des Propheten Nathan: Ein Reicher hat selbst viele Schafe, doch er nimmt einem Armen dessen einziges weg, um einem Gast ein Mahl zu bereiten. König David bekommt diese Geschichte zu hören und empört sich. Nathan antwortet auf seine moralische Empörung: „Du bist der Mann!" Der Reiche. Der den Ehemann seiner Geliebten in den Tod schickt, um selbst Batseba zur Frau zu nehmen (vgl. 2 Sam 11f). Sehr eindrücklich wird hier jemand ent-mutigt, indem sein Hochmut gebrochen wird durch eine kleine feine Parabel, die als Spiegel dient.

Auch die sogenannte „correctio fraterna", die geschwisterliche Zurechtweisung, kann eine angemessene Form des Ent-mutigens im Sinn einer heilsamen Konfrontation sein.

Erdmuthe

IL: Kaum eine Frau heißt heute noch so. Noch mehr als Almut ist Erdmut(h)e als weiblicher Vorname aus der Mode gekommen. Und so wie Almut nicht bedeutet, dass aller Mut zusammengenommen wird, so bedeutet Erdmut nicht, dass es um einen „Mut zur Erde" geht. Dieser „Mut zur Erde" steckt im Lateinischen „humilitas", das wir unter „Demut" betrachtet haben. Erdmut ist verwandt mit Hartmut – es geht also um einen Mut zum Harten, zum Starken, zum Entschlossenen. Den braucht es für ein geistliches Leben unbedingt.

GF: Teresa von Avila beispielsweise spricht immer wieder doppelt gemoppelt von einer „entschlossenen Entschlossenheit". Aus eigener Erfahrung weiß sie, wie mühsam der von ihr beschriebene Weg des inneren Betens sein kann; er braucht Geduld und Konsequenz und vor allem Vertrauen in die Zusage Gottes. Wer sich auf diesen Weg einlässt, dem wird viel abverlangt, viel Erd- oder Hartmut.[29] Ein anderes Wort dafür ist Disziplin. Ohne den Mut zum Harten, zum Üben, zum Dranbleiben gibt es keine „Meisterschaft". Doch zugleich habe ich Mühe mit solchen Sätzen. Denn sie scheinen dem „man muss es nur wollen" beizupflichten. Doch das Wesentliche ist nicht machbar. Oder anders gesagt: Gott „wirkt beides, das Wollen und das Vollbringen" (Phil 2,13).

IL: Erdmuthe Dorothea hieß übrigens eine der ersten Pietistinnen und Kirchenlieddichterinnen mit Vornamen. Sie lebte von 1700–1756 und war verheiratet mit Nikolaus Ludwig Graf von Zinzendorf. Dieser ist als Gründer der Herrnhuter Brüdergemeinde in die Geschichte eingegangen. Beiden Eheleuten zusammen ist die Kultur der Tages-, Wochen- und Jahreslosungen zu verdanken. In ihr spiegelt sich eine ganz eigene protestantisch-biblische Frömmigkeit mit ihren Licht- und Schattenseiten. Zum Licht: Diese Sprüche-Kultur unterstützt den beständigen Kontakt zur Bibel, in kleinen und oft gefälligen Portionen und auch in glücklichen

Zu-Fällen, die alle Tage Mut machen oder auch helfen beim Gestalten einer Andacht oder eines geistlichen Grußwortes. Zum Schatten: Eine Form von Steinbruchexegese wird gefördert. Schriftverse werden aus ihrem sie erhellenden Zusammenhang gelöst. Einem gleichsam magischen Umgang mit der Bibel als „Gottes Wort" wird damit Vorschub geleistet.

Ermutigung

GF: Statt zu entmutigen gilt es, andere Menschen und bisweilen auch sich selbst vor allem zu ermutigen. „Glauben heißt die Welt so schön machen, wie sie nicht ist", meint Martin Walser in „Muttersohn". Ich würde sagen, den und die anderen so schön und reich zu wissen, wie sie noch nicht sind – und ihnen in diesem Zu-Trauen zu begegnen. Das wäre Ermutigung. Darauf sind wir angewiesen. Denn wir haben Angst. Doch Mut vertreibt die Angst nicht, sondern geht mit ihr um, ringt mit ihr und integriert sie – immer neu und meist nur teilweise. Jede richtig verstandene Leib- und Seelsorge im Blick auf andere oder auch sich selbst ist vielleicht nichts anderes als Ermutigung. Ermutigung zielt zunächst darauf, neu in Kontakt zu kommen mit sich selbst, mit der eigenen Angst und der Angst vor der Angst, mit den eigenen Wunden und Verletzungen und immer mit der eigenen Sehnsucht nach Gelingen. Darin gilt es, der göttlichen inneren Stimme nachzuspüren, die im Lärm der anderen Stimmen oft kaum vernehmbar ist. Denn die führt und verführt immer heraus aus den Ängsten, meist freilich mitten hindurch. Angst ist ein wichtiges Frühwarnsystem. Es gehört Mut dazu, es zu beachten. Und es gehört Mut dazu, den aufbauenden und befreienden Impulsen zu folgen und in allem der inneren Lebensstimme zu trauen, die Gelingen erhofft und verspricht.

IL: „Kopf hoch! Das wird schon wieder" – solche Sätze sind nicht gemeint, wenn wir von Ermutigung sprechen. Gerade im Kontext von Ermutigung oder auch Ermächtigung bzw. Empowerment ist es mir wichtig, zu betonen, dass es um die Reise nach innen geht, dass Mut eine innere Qualität ist. Es fällt uns Menschen bisweilen schwer, unsere eigenen Wahrnehmungen ernst zu nehmen. Da erzählt z. B. in einem Seelsorgegespräch eine Frau, wie sie von ihrem verstorbenen Vater wiederholt gedemütigt und abgewertet wurde. In diese Erzählung flicht sie ständig fast verzweifelt ein: „Ich verzeihe ihm. Er war mein Vater. Ich hab ihn lieb." Ihre Verletzungen, ihre Trauer und ihre Wut werden relativiert durch den inneren Druck, den Vater lieben und ihm verzeihen zu müssen, weil ein verinnerlichtes Gebot dies so zu verlangen scheint. Ermutigung könnte in diesem Zusammenhang bedeuten: Versuche, dich ernst zu nehmen und dich dem zu stellen, was du bei dir selbst wahrnimmst. Wie dein Vater mit dir umgegangen ist, was er dir alles vor den Latz geknallt hat, wie er dich ständig abgewertet und verwundet hat …

Rationalisierungen, das Kleinreden der erlittenen Kränkungen, die vielen Formen der Abwehr – Ermutigung zielt darauf, diese nachvollziehbaren und verständlichen Reaktionen zuzulassen, damit Raum entstehen kann für Trauer und Wut und so auch Heilung. Das

sind oft sehr lange Wege, bis solche „Ermutigung"
Früchte zeitigt.

Freimut

GF: Auch Freimut gibt es als seltenen Vornamen, der
ursprünglich wohl im Bereich pietistischer Frömmigkeit
wurzelt. Es ist die deutsche Übersetzung des altgriechischen „Parrhesia" aus dem Neuen Testament, das heutzutage in Philosophie und Theologie wieder aufkommt.
Jesus selbst „redet frei und offen" (z. B. Joh 7,26). Und
auch die Verkündigung von Paulus und anderer Apos-
tel*innen im Neuen Testament wird so charakterisiert.
Mit Freimut, das heißt „unerschrocken", sprechen sie
über ihren Glauben – und riskieren dabei ihr Leben
(vgl. Apg 9,27f). „Weil wir also eine solche Hoffnung
haben, treten wir mit großem Freimut auf" (2 Kor 3,12),
äußert Paulus im Blick auf sich selbst und seine Perfor-
mance. Das Christentum im Ganzen ist von Anfang an
eine Märtyrerreligion. Sie zeigt ihre Ausstrahlung und
Überzeugungskraft besonders dort, wo Glaubende die
Dinge klar beim Namen nennen und mit allen Konsequenzen dafür einstehen. Das ist in Zeiten von Fake
News besonders wichtig, gilt aber immer. Man denke
nur an Helmuth James Graf Moltke, Alfred Delp etc.

Aktuell ist es z. B. Papst Franziskus, der die Haltung
des Freimuts immer wieder einfordert – und auch selbst
praktiziert, sowohl in seinem näheren Umfeld wie welt-
weit. Für ihn ist Freimut das Gegenteil von spiritueller
Faulheit, von geistlicher Fantasielosigkeit. Freimut ist
ein „Kennzeichen des Heiligen Geistes" und seiner ver-

ändernden Initiativkraft. Freimut ist ihm nichts anderes als der gottgemäße „Sinn für die Wirklichkeit", der weder schönfärbt noch schwarzsieht, sondern klar beim Namen nennt, was dran ist.[30] Freimut hat mit der prophetischen Kraft zur schonungslosen Diagnose zu tun, die bekanntlich der Anfang jeder Therapie ist. Wichtigstes Beispiel päpstlichen Freimuts ist die lesenswerte Enzyklika zur sozialen und ökologischen Weltlage „Laudato si. Über die Sorge für das gemeinsame Haus".

IL: Auf dem Feld der Philosophie hat Michel Foucault diesem alten Begriff in Vorlesungen nachgedacht, um sein Konzept von Diskurs zu skizzieren. An einer Stelle beschreibt er den Freimut wie folgt:

„Genauer gesagt, ist Parrhesia eine verbale Aktivität, in der ein Sprecher seine persönliche Beziehung zur Wahrheit äußert und dabei sein Leben riskiert, weil er das Aussprechen der Wahrheit als Pflicht erkennt, um andere Menschen zum Besseren zu bekehren oder ihnen zu helfen (wie auch sich selbst). In Parrhesia verwendet der Sprecher seine Freiheit und wählt Offenheit statt Überzeugungskraft, Wahrheit statt Lüge oder Schweigen, das Risiko des Todes statt Lebensqualität und Sicherheit, Kritik anstelle von Schmeichelei, sowie moralische Pflicht anstelle von Eigeninteresse und moralischer Apathie."[31]

Es ist höchst anspruchsvoll, was Foucault hier einfordert. Parrhesia ist eine Form von Mut, die schnell aneckt und dem allgegenwärtigen Anpassungsdruck widersteht. Besonders bedenkenswert erscheint mir, dass Foucault die Offenheit der Überzeugungskraft vorzieht. Die eigene Freiheit verwenden, um offen zu sein – und damit verletzlich, angreifbar, brüchig. Überzeugen zu wollen hat demgegenüber etwas Gewaltförmiges an sich, da schwingt Überrumpelung mit, der oder die andere wird nicht freigelassen, ihm oder ihr soll etwas übergestülpt werden. Freimut so verstanden hat m. E. viel mit Leidenschaft zu tun, mit einer Bereitschaft zu leiden für die persönliche Beziehung zur Wahrheit.

Frohmut

IL: Freude gehört bekanntlich zu den „Dingen", die man nicht machen kann. Sie stellt sich ein aufgrund von Erfahrungen, die positiv für sich sprechen und „einfach guttun". Aus gutem Grund ist sie für Paulus eine „Frucht des Geistes" (vgl. Gal 5,22) – das Gegenteil von Leistung und „Werkerei". Was Freude im Sinne von Frohmut bedeuten kann, kommt in wunderbarer Weise in einem Gedicht von Mascha Kaléko zum Ausdruck, das mit den Worten „Sozusagen grundlos vergnügt" überschrieben ist. Die Wunder von Flora, Fauna und dem Wechsel der Jahreszeiten werden darin besungen. Mittendrin heißt es: „Ich freue mich. Das ist des Lebens Sinn. / Ich freue mich vor allem, dass ich bin." Und am Ende: „Ich freue mich, dass ich mich an das Schöne / Und an das Wunder niemals ganz gewöhne. / Dass alles so erstaunlich bleibt, und neu! / Ich freue mich, dass ich ... Dass ich mich freu."[32] Die frohe Stimmung ist grundlos, sie kennt keine Gründe. Sie ist nicht dem geschuldet, dass etwas geleistet oder vollbracht, etwas gewonnen oder erworben wurde. Im seltenen Mädchennamen Frohmut wird dieses Frohgemutsein Person. Adjektiv und Name sowie das Gedicht von Mascha Kaléko erinnern daran: Froh zu sein bedarf es wenig. Spirituelle Freude strömt aus einer verborgenen inneren Quelle. Und sie erwächst meist aus der staunenden und dankbaren Wahrnehmung des Einfachen, des vermeintlich Selbstverständlichen.

GF: „Ich danke Gott und freue mich / Wie's Kind zur Weihnachtsgabe, / Dass ich bin, bin! Und dass ich dich, / Schön menschlich Antlitz habe."[33] In diesem Gedicht von Matthias Claudius drückt sich dankbar biblischer Schöpfungsglaube aus, wie er im Lichte der Christusbotschaft aufleuchtet. „Wenn Gott für uns ist, wer ist dann gegen uns?" (vgl. Röm 8,31). Das ist der österliche Grund christlicher Lebensfreude, die innere Mitte christlicher Mystik. Ein Franz von Assisi konnte sich sogar des Leidens freuen, weil es die Verbindung mit Christus stärkt und den Frieden fördert. Das Evangelium ist eine frohe Botschaft. Umso nachdenklicher stimmt immer neu Nietzsches Frage, warum die real existierenden Christenmenschen von dieser Freude so wenig ausstrahlen …

Gemüt(lich)

IL: „Das hat mir aufs Gemüt geschlagen": Bei einer solchen Erfahrung ist die ganze Person tangiert und in ihrer Ausgeglichenheit beeinträchtigt. Gemüt ist so etwas wie die Summe aller Erscheinungsformen von Mut und meint die innere Verfasstheit des Menschen. Unsere Sprache kennt unterschiedliche Gemütszustände, sonnige Gemüter und verzagte, aber auch Gemütsschwankungen. Für den Mystiker Johannes Tauler war Gemüt ein zentraler Begriff. Es stellt den obersten und höchsten Teil der Seele dar, der zugleich das Verborgenste und Tiefste ist. „‚Das Gemüt ist eine herrliche Sache! In ihm sind alle Kräfte vereint. Vernunft, Wille: doch an sich steht es darüber und es hat mehr dazu. Es besitzt einen innerlichen, wesentlichen Vorsprung über die Wirksamkeit der Kräfte hinaus. Und wenn es mit dem Gemüt recht steht und es gut ausgerichtet ist, so steht es mit allem anderen recht.‘ [...] Im Grund, auf dem ‚Boden‘ des Gemütes [...] liegt das Bild Gottes im Menschen verborgen. ‚Und es ist so edel, das man ihm keinen eigenen Namen zu geben vermag.‘"[34]

Vor diesem essenziellen Hintergrund rückt auch das Wort gemütlich in ein neues Licht.

GF: Ja! Umso ausdrücklicher, weil es so wesentlich ist, sei betont: Gemütlich darf und muss es zugehen in einem geistlichen Leben. Exerzitien, geistliche Übungen, Askese und Disziplin können leicht ins Strenge, Harte und Stressige kippen. Da braucht es ein Gegengewicht: Ruhezonen und -zeiten, die man früher „Rekreation" nannte, Neuschöpfung für die Erschöpften. „Kommt alle zu mir, die ihr müde und kaputt seid. Ich will euch aufatmen lassen" (vgl. Mt 11,28). Abhängen ist erlaubt, ja geboten. Ein gemütlicher oder auch gemütvoller Mensch im spirituellen Sinn ist jemand, der im Einklang mit sich selbst und Gott lebt, der wahr- und annimmt, wie ihm „zumute" ist, und der Spannungen auszubalancieren vermag. Wir haben uns Jesus in diesem Sinne als gemütlich vorzustellen. Warum sonst hat man ihn wegen seiner Feierfreude als „Fresser und

Säufer" (Mt 11,19) denunziert? Hat er sich nicht jede Menge Ruhepausen gegönnt, keineswegs immer im Dienst?

Glaubensmut

GF: Ich verlasse mich, so wie ich ein Zimmer verlasse; ich verlasse mich nicht irgendwohin, sondern auf dich! In jeder Liebe, die den Namen verdient, steckt mit so vielem anderen das Wagnis des Vertrauens, eben der Glaubensmut. Der hängt natürlich eng mit Lebens- und Bekennermut zusammen. Gemeint ist entschiedenes Vertrauen, und das ist ja immer ein Wagnis. In der deutschen Umgangssprache wird das plastisch: Wer sich ins Leben traut, braucht diese Haltung, besonders natürlich in schwierigen Zeiten. Um einem anderen Menschen wirklich zu vergeben und den ersten Schritt zu tun, braucht es diesen Mut, der aus dem Glauben an das Gute kommt. Geht denn Beten ohne solchen Glaubensmut? Es gilt, sich glaubend auf Gottes Gegenwart einzulassen und seine Gegenwart in allen Dingen zu entdecken. Das braucht dort wohl am meisten Mut, wo es gottlos und menschenunwürdig zugeht.

IL: Glauben gibt es nicht ohne Mut. Der Theologe Paul Tillich entschlüsselt eindrücklich, wie „Glaube und Mut" zusammengehören. Am Anfang steht die Selbstmitteilung Gottes. Sie ist die Voraussetzung für die Frage nach Gott. Glauben wäre nach Tillich nicht möglich ohne Teilhabe an Gott. Doch zugleich erfährt sich der Mensch als getrennt und entfremdet. Deshalb beinhaltet Glauben immer ein „Trotzdem". Gewissheit und Zweifel: „Beides gehört essentiell zum Wesen des Glaubens. [...] Bei den Menschen, die sich auf die Unerschütterlichkeit ihres Glaubens berufen, sind oft Pharisäismus und Fanatismus die untrüglichen Symptome dafür, dass der Zweifel wohl unterdrückt wurde, aber im Geheimen wirksam ist. Der Zweifel wird nicht durch Unterdrückung, sondern durch Mut überwunden. Der Mut verleugnet nicht, dass der Zweifel da ist; aber er nimmt den Zweifel als Ausdruck der menschlichen Endlichkeit in sich auf und bejaht trotz des Zweifels das, was unbedingt angeht. Der Mut hat die Sicherheit einer fraglosen Überzeugung nicht nötig. Er schließt das Wagnis ein, ohne das kein schöpferisches Leben möglich ist. [...]

Mut ist das Element im Glauben, das sich auf das Wagnis des Glaubens bezieht. Man kann den Glauben nicht durch Mut ersetzen; aber man kann den Glauben auch nicht ohne das Element des Mutes definieren."[35]

GF: Schaut man mit dieser Sonde „Glaubensmut" in die Geschichte der Menschheit und in biblische Traditionen, ist eine erstaunliche Fülle von Beispielgeschichten und Zeugnissen zu finden – wie eine große Rückenstärkung, hier und jetzt weiterzumachen. Im Sinne von Tillichs „Trotzdem-Glaube" erzählt z. B. das biblische Buch Daniel von drei jungen Männern, die sich weigern, ein vom babylonischen König Nebukadnezar errichtetes Götzenbild zu verehren. „Werdet ihr's aber nicht anbeten, dann sollt ihr zu derselben Stunde in den glühenden Feuerofen geworfen werden. Lasst sehen, wer der Gott ist, der euch aus meiner Hand erretten könnte", so Nebukadnezar (Dan 3,15). Darauf die jungen Männer: „Siehe, unser Gott, den wir verehren, kann uns erretten aus dem glühenden Feuerofen, und auch aus deiner Hand, o König, kann er erretten. Und wenn er's nicht tut, so sollst du dennoch wissen, dass wir deinen Gott nicht ehren und das goldene Bild, das du hast aufrichten lassen, nicht anbeten werden" (Dan 3,17–18). Das ist Glaubensmut. Da gibt es nicht die Gewissheit, unversehrt zu bleiben. Und dennoch: Dem Götzen zu huldigen kommt nicht infrage. Die Episode endet mit der Rettung der jungen Männer aus dem glühenden Ofen. Doch freilich trägt nicht jeder mutige Glaubensakt einen nach außen hin sichtbaren Sieg davon.

Gleichmut

GF: In sich selbst ruhen, die Wechselfälle des Lebens annehmen und immer wieder abgeben in etwas Größeres hinein – das kommt im Gleichmut zum Ausdruck. Gleichmut ist eng verwandt mit Gelassenheit und nicht zu verwechseln mit Gleichgültigkeit. Schon die großen Lebenskünstler der altgriechischen Antike – Philosophie heißt ja Liebe zur Weisheit und Weisheit der Liebe – betonten innere Ausgeglichenheit als Ziel des Lebens: Unerschütterlich gegenüber Schicksalsschlägen und Widrigkeiten, alle inneren und äußeren An-Triebe gut beherrscht (autark), war der gleichmütige Mensch dem ruhigen Meer gleich. Ob Epikureer oder Stoiker, sie betonten schicksalsergebene Gelassenheit im Raum und Rahmen des alles ordnenden göttlichen Kosmos. Das hatte sich besonders angesichts des Todes zu bewähren. Erst der biblische Glaube brachte mit dem Monotheismus den Gedanken einer wirklich transzendenten, über-weltlichen Schöpferwirklichkeit auf, die doch in allem wirkt und zur Vollendung einlädt und drängt. Paulus z. B. kann dann, sogar im Gefängnis, schreiben, er sei autark und völlig gleichmütig: „In alles und jedes bin ich eingeführt: satt werden und hungern, in Fülle leben und darben." Aber was ihn „dynamisiert", ist Christus: „Alles verkrafte ich in dem, der mich stärkt" (Phil 4,12f Fridolin Stier).

Gleichmut, christlich buchstabiert, ist also sehr anders gedacht als in der stoischen Lebenskunst eines Seneca oder Marc Aurel. Da ist es, durchaus faszinierend, eine letzte Schicksalsergebenheit und das Vertrauen in das göttliche Ganze. Im Christlichen ist alles auf Vollendung hin gespannt und ist Gegenwart erst auf Hoffnung hin. Deshalb gehört zum christlichen Gleichmut mit der Gelassenheit im Hier und Jetzt eine brennende Leidenschaft, dass es in allem endlich wieder gut werde. Gütezeichen des Gleichmutes sind Gebet und Diakonie.

IL: Meister*innen des Gleichmuts in der christlichen Spiritualitätsgeschichte sind neben vielen anderen Margareta Porete und Ignatius von Loyola. Ihre Lebensläufe bezeugen, dass es im Gleichmut nicht darum geht, die Hände in den Schoß zu legen.

Im „Spiegel der einfachen Seelen" der Mystikerin aus dem Mittelalter heißt es von einer freien Seele: Sie „achtet weder auf Schmach noch auf Ehre, weder auf Armut noch auf Reichtum, weder auf Wohlbehagen noch auf

Missbehagen, weder auf Liebe noch auf Hass, weder auf die Hölle noch auf das Paradies".[36] Diese freie Seele ist ganz im Göttlichen verankert. Im Brief an die Gemeinde in Rom schreibt Paulus, dass nichts „uns scheiden kann von der Liebe Gottes, die in Christus Jesus ist" (Röm 8,39). Ähnlich Margareta: Nähme man einer freien Seele „die Ehre, den Reichtum und die Freunde, auch Herz und Leib und Leben, so nähme man ihr noch immer nichts, sofern nur Gott ihr bleibt". Was für ein aus Gottvertrauen resultierender Gleichmut!

GF: Ignatius von Loyola spricht von „heiliger Indifferenz": Auf Gott allein bezogen kommt alles andere ins Lot, es wird ganz wichtig und ganz nichtig. Nichts soll uns trennen von dieser innersten Herzbindung, und alles gerät durch die Gottesbeziehung in ein neues Licht. Radikal frei von sich und der Welt, kann und soll der Mensch umso mehr hier und jetzt das tun (und lassen), was dran ist und geboten. Im berühmten Fundament seiner Exerzitien empfiehlt Ignatius ganz im Sinne von Paulus, Margareta Porete und vielen anderen: „Wir sollen unser Verlangen nicht auf Gesundheit oder Krankheit fixieren, nicht auf Wohlstand oder Armut, Erfolg oder Versagen, ein langes Leben oder ein kurzes. Denn alles hat in sich die Möglichkeit, in uns eine tiefere Antwort hervorzulocken für unser Leben in Gott.

Unser einziges Verlangen und unsere einzige Wahl sollen sein: Ich möchte und wähle, was eher (magis) dahin führt, dass Gott sein Leben in mir vertiefen kann."[37] Das zu lernen ist natürlich ein lebenslanges Abenteuer und eine unendliche Geschichte. Und die vollzieht sich in der Regel im ganz normalen und banalen Alltag, und nicht in besonderen Gipfelerfahrungen: „Das Knäuelchen Stopfgarn, der zu schreibende Brief, das aufzunehmende Kind ...“ – so nimmt Madeleine Delbrêl den konkreten Alltag ins Gebet: „Lauter Sprungbretter in die Ekstase.“[38]

Großmut

IL: Sie gilt schon seit Aristoteles als besondere Herrschertugend und wurde in Geschichte und Gegenwart immer wieder insbesondere von König*innen und Staatshäuptern eingefordert: die Großmut. Dieser historische Hintergrund bringt mit sich, dass sie zur bloßen Geste verkommen und mit Arroganz verknüpft sein kann. Doch gemeint ist jene Großzügigkeit, die schenken kann.

Das könnte ein Weg zur Großmut sein: in den eigenen Seelenraum einzutreten und diesen sich in seiner räumlichen Ausdehnung groß und weit vorzustellen. Vielleicht erwächst daraus ein großmütiges Leben.

GF: Gunst kommt von gönnen! Da werden bestehende Erwartungszusammenhänge durchbrochen. Selbst das geltende Recht überbietet sich förmlich, indem es Begnadigungen und Amnestie vorsieht. Da gilt nicht mehr nur das „Wie du mir, so ich dir“. Da kommen Weite und Freiheit ins Spiel, die das Leben erst lebenswert machen. Da wird im besten Sinn ein Auge zugedrückt, man muss nicht scharfrichterlich hinsehen und permanent Fehler ahnden. Es ist vielmehr der Blick der Liebe, der dann „fünfe grade sein lässt“ und wohlwollend, ja vergebend hinschaut. Es gilt, den anderen im Zuhören so groß wie möglich zu machen und seiner Aussage prinzipiell Wahrheit und Wohlwollen zu unterstellen. Wahrhaft souveräne Großmut zeigt sich also dort, wo man „Niedrige erhöht" und „Arme reich macht". Man denke an Mozarts Zauberflöte und den weisen Sarastro: „In diesen heiligen Hallen kennt man die Rache nicht."

Vermutlich ist es so: Nur wer sich im Raum zuvorkommender Gunst schon vorfindet und sich begünstigt weiß, kann großzügig schenken und wirklich zuvorkommend sein. Nur wer Vergebung erbittet und empfängt, kann auch vergeben. Das ist genau die Logik des biblischen Gottesglaubens. „Seid barmherzig, wie auch euer Vater barmherzig ist" (Lk 6,36). Diese ganze sogenannte Feldrede (Lk 6,17–49) ist ein einziges Loblied auf die Großmut Gottes und die daraus (!) sich ergebende Großzügigkeit untereinander. Alles „Wie du mir, so ich dir" wird radikal unterbrochen und geöffnet auf das Geheimnis göttlicher Freigebigkeit hin. Ganz im selben Sinne wollen alle Gebote Gottes gelesen werden: Weil Gottes Großmut stets „abrufbar" und uns gegeben ist, können, dürfen und sollen wir davon Gebrauch machen.

Gutmütig

IL: 2015 wurde „Gutmensch" zum Unwort des Jahres erklärt. Menschen, die sich engagieren und Solidarität einfordern, werden als weltfremd diffamiert. Kann es denn wirklich des Guten zu viel geben? „Gutmütig" ist dem Gutmenschen nah verwandt. Auch dieses Wort hat für manche einen negativen Beigeschmack. Da lässt sich jemand allzu viel gefallen, ist ein bisschen naiv oder gar trottelig, nicht ganz ernst zu nehmen und lässt sich ausnutzen. Wie schade! Denn vom Wortsinn her hat die Gutmütige Gutes im Sinn und bezeugt es durch ihren Charakter.

GF: Wer wirklich gutmütig ist, begegnet den anderen mit Vertrauen und Wohlwollen. Das schließt durchaus den Mut ein, auch mal Tacheles zu reden und zu konfrontieren. Aber alles ist irgendwie eingehüllt von einer größeren Güte und Wärme, auf die Verlass ist. Von Scharfmacherei keine Spur, eher von langem Atem und unerschöpflichem Wohlwollen wie bei Großeltern, die schon im Erntedank leben. „Er tat Gutes", heißt es lapidar im sogenannten „fünften Evangelium" (vgl. Apg 10,37f) von Jesus: „Er war eine Wohltat". Ihn mir als gutmütig vorzustellen, irritiert und erfreut.

Heldenmut

IL: Mut – das sollte inzwischen deutlich geworden sein – ist eine innere Kraft, die sich in vielen kleinen Schritten und Gesten erweisen kann. Doch häufig wird Mut fast ausschließlich mit Tapferkeit und so etwas wie einer heroischen Tat assoziiert. Natürlich ist gegen das Heldenhafte nichts einzuwenden. Doch es muss eingeordnet und begrenzt werden. Deshalb nun ein paar tiefenpsychologisch getönte Worte zum Heldenmut.

Der Archetyp des Helden nach C. G. Jung wirkt hauptsächlich in der ersten Lebenshälfte und wird gebraucht auf dem Weg der Individuation, um ein eigener Mensch zu werden, der sich nicht durch Vorgaben von außen bestimmen lässt, nicht ihm zugeschriebene Rollen erfüllt, sondern seinen eigenen Weg geht – in aller Bescheidenheit, im Wissen um die eigenen Grenzen und die eigene Endlichkeit.

„Der Heros in tausend Gestalten", eine Untersuchung von Josef Campbell, arbeitet darüber hinaus die Gesetzmäßigkeiten des Heldenmythos in unterschiedlichen Erzählungen und Kulturen heraus. Der abenteuerliche Weg des Helden entspricht im Großformat dem Schema, das den sogenannten Schwellenriten zugrunde liegt. Der Held trennt sich vom Vertrauten, seiner Familie, seinem Freundeskreis, seiner Heimat zum Beispiel. Er erfährt an einem anderen Ort so etwas wie eine Initiation, lernt Neues, findet neue Bezüge, wird verwandelt. Als Verwandelter kehrt er zurück in das ehemals Vertraute und sorgt für dessen Erneuerung und Transformation.[39] In vielen beeindruckenden Lebensläufen findet sich dieses Muster.

GF: Nicht zufällig hat man Generationen lang „Helden und Heilige" in einem Atemzug genannt. In der Tat ist ja jeder Mensch dazu herausgefordert, ein Original zu werden und seine besondere Berufung zu leben. In jedem steckt dieses Bild des Außerordentlichen – und das Gütezeichen wirklichen Heldentums sind die „Heldinnen und Helden des Alltags". Sie tun das, was „eigentlich" jeder und jede tun könnte und sollte. Nicht das „Heroische" und Außergewöhnliche als solches wird angestrebt, sondern das Authentische, Wahre, Gottgemäße. So weiß sich jeder Christenmensch erwählt, „besonders", „einmalig" zu sein und zu werden – aber nicht um in einen gar egozentrischen Heroismus zu verfallen, sondern seine Geistesgabe im Dienste aller zu realisieren. Von Simone Weil wird überliefert: „Der Held trägt eine Rüstung, der Heilige geht nackt." Das bringt eine notwendige Unterscheidung auf den Punkt. Jedenfalls sollte Heldenverehrung, gar militaristisch und verbunden mit Männlichkeitswahn, eine Sache der Vergangenheit sein.

IL: Für ein spirituelles Leben braucht es „heldischen" Mut. Das gilt für Frauen und Männer. Jede und jeder „bestreitet" – bewegt durch die heilige Geistkraft – ihr und sein je eigenes, einmaliges Leben. Das geht nur in der Abgrenzung und Unterscheidung vom Leben der anderen, in der Einsamkeit, die einen Raum eröffnet für Neues und Eigenes. Dabei können Begleiter*innen hilfreich oder sogar unverzichtbar sein, wie sie auch im Mythos immer wieder auftauchen. Ziel ist, in das Herkömmliche das Eigene einzubringen, um einen Beitrag zur Transformation zu leisten. Jeder Retreat, jede spirituelle Auszeit, ist ein mutiges Eintauchen ins Ungewisse, um verwandelt daraus hervorzugehen und in den Alltag zurückzukehren. Mir scheint, dass in dem sehr eindrücklichen Gedicht „Bitte" von Hilde Domin anschaulich diese Spannung zwischen Heiligem und Heldischem zum Ausdruck kommt. Zugleich ist es ein „Taufgedicht". Es beginnt mit den Zeilen „Wir werden eingetaucht / und mit dem Wasser der Sintflut gewaschen, / wir werden durchnässt / bis auf die Herzhaut."

Da klingt das Nackte an, von dem Simone Weil spricht. Das Gedicht endet, dabei an biblische „heilige Held*innen" erinnernd, mit der Hoffnung: „Und dass wir aus der Flut, / dass wir aus der Löwengrube und dem feurigen Ofen / immer versehrter und immer heiler / stets von neuem / zu uns selbst / entlassen werden."[40]

Hier geht es also um Selbstwerdung, Individuation. Doch nicht ungebrochen, strahlend, überwältigend erscheint das durch diese Taufe gegangene Selbst, sondern versehrt, Wunden und Narben tragend.

GF: Die erwähnten Schwellenriten des Mythos entsprechen den Sakramenten. Diesen Gedanken möchte ich nochmals aufgreifen. Die Taufe existenziell und täglich neu nachzuvollziehen, also immer wieder vom Tod ins Leben zu gehen, braucht heldischen Mut. Nicht zufällig ist damit der Mut zur Zeugenschaft verbunden, zum konsequenten Einstehen für Liebe und Gerechtigkeit, bis hin zum Martyrium. Und auch beim Sakrament der Mahlfeier, das wohl selten mit Mut verbunden wird, geht es im Grunde darum, sich vom Alten zu trennen und auf Neues einzulassen. Eine ganze Gemeinde wird transformiert, indem die Einzelnen sich mutig einlassen auf die Christuspräsenz, die ihnen unter die Haut gehen, sich ihnen einverleiben will.

Helmut

IL: Dieser männliche Vorname in unterschiedlichen Schreibweisen hat zweierlei Bedeutung. Zum einen bezeichnet der Name den Mut, auf das Heile ausgerichtet zu sein. So erinnert er daran, dass es in einem spirituellen Leben immer auch um das Heilwerden geht. Zum anderen kann der Name bedeuten, zum Kampf („hiltja") ermutigt zu sein. Und auch das zeichnet ein Leben in der Nachfolge Jesu aus: um Vertrauen zu ringen, sich zu überwinden sowie Widerstand zu üben gegen das Destruktive, Gewaltförmige, Todbringende. Insofern gilt analog zu dem, was zum Namen Almut gesagt wurde, auch hier: In allen Menschen sollte ein Helmut stecken ...

GF: Ja, zum spirituellen Leben gehört Disziplin. Noch Bonhoeffer sprach von „Zucht", also von Ordnung und Konsequenz. Askese heißt ja wortwörtlich „Übung" und „Training". Die Metaphorik des „Kampfes" ist in philosophischer Lebenskunst etwa bei Platon und Seneca zentral: Kampf mit den Begierden und Leidenschaften zwecks Bändigung der „wilden" Triebe und Integration ins Ganze. In den biblischen Traditionen geht es um den Kampf mit den Dämonen und Abergeistern – auch ein zentrales Thema bei den Wüstenvätern und -müttern. Wer kennt nicht den „inneren Schweinehund"? Wer bräuchte nicht die guten Mächte gegen die bösen, in sich und zwischen uns?

Hochmut

IL: Hochmut kommt vor dem Fall. Dieses Sprichwort ist selbst voll hochmütiger Häme, finde ich. Hochmut gilt als Gegenteil von Demut – und als moralisch verwerflich. Doch bevor es zu einer voreiligen Verurteilung kommt, sei darauf hingewiesen, dass mit Hochmut die Stimmung des Hochgemut-Seins verbunden ist. Mir scheint, die ist manchmal einfach da. Und sollte zunächst einmal akzeptiert werden. Sie muss auch nicht unbedingt mit Arroganz einhergehen. Gleichwohl ist es so, dass dieses Gestimmtsein kein bleibender Zustand sein kann. Das würde wohl der menschlichen Existenzweise nicht entsprechen. Die ständig neu zu vollziehende Bewegung wird in einem netten „Kaffeetassenspruch" auf den Punkt gebracht: „hinfallen – aufstehen – Krone richten – weitergehen". Das Hinfallen gehört dazu. Immer wieder. Hochmut ist menschlich. Er hängt auch mit der königlichen Bestimmung des Menschen zusammen. Die scheint sich in aller Regel als Illusion zu erweisen und wird durch das Fallen Lügen gestraft. Doch nach dem Fall und seiner „reumütigen" Verarbeitung kommt es umso mehr zu jener Hochgemutheit, die etwas mit Versöhnung und Frieden zu tun hat. Die österliche „Erhöhung" soll und will, jedenfalls christlich, immer das letzte Wort haben.

GF: In der Tat. Bis zu den epochalen Arbeiten von Kierkegaard und Drewermann galten Hochmut und Stolz als Ursache für alle Sünde in der Welt und in der eigenen Biografie. Die ganze christliche Schuld- und Vergebungswelt lebte von dieser Deutung der biblischen Geschichte, dass durch Ungehorsam, Stolz und Überheblichkeit die Sünde in die Welt kam und kommt, und das noch durch eine Frau. Nicht nur die offenkundig patriarchale Engführung, sondern die tendenziell moralisierende Deutung von Sünde und Hochmut gilt es kritisch zu durchleuchten und entscheidend zu vertiefen. Denn nicht der Hochmut ist die Ursache von Sünde und Bosheit, sondern – viel grundlegender – die Angst. Im Felde der Angst, nicht gewollt zu sein und ins Nichts zurückzufallen, gerät der Mensch fast notwendig in jenen hektischen Strudel der Selbstbehauptung, der alles zu verfälschen droht. Alles verschiebt sich unter der Übermacht eines zutiefst verunsicherten Egos, das angstgetrieben um seine Existenz kämpft. Herausgefallen aus der Gewissheit, längst geliebt zu sein, und zwar ohne Eigenleistung und Werke, kommt der Mensch in eine inflatorische Haltung, weil er dauernd mehr und anders sein muss, als er ist. Ohne den Glauben an eine uns immer schon schlechthin zuvorkommende Güte können wir nicht richtig gütig sein, weder zu uns noch zu anderen. Ohne diesen „kategorischen Indikativ", also das absolute Pluszeichen vor der Klammer unseres Tuns und Lassens, kommen wir aus diesem Selbstrechtfertigungsstrudel nicht heraus. So gesehen ist der Glaube an die stets zuvorkommende Liebe Gottes, der „seine Sonne aufgehen [lässt] über Böse und Gute" (Mt 5,45), das entscheidende Heilmittel gegen Hochmut und Angst. Der Mensch kann „endlich" (!) Mensch werden und muss nicht länger Gott spielen bzw. wie Gott sein wollen (vgl. Gen 3,5).

Kleinmut

IL: „Weist die Nachlässigen zurecht, tröstet die Kleinmütigen, tragt die Schwachen" (1 Thess 5,14). Die erste von Paulus gegründete Gemeinde in der europäischen Großstadt Thessaloniki bedarf der Unterstützung. Manche haben noch nicht zu einem verantwortlichen Lebensstil gefunden, andere trauen sich nicht, zu ihrem Christsein zu stehen, wieder andere orientieren sich weiterhin ängstlich an jüdischen Ritualgesetzen, obwohl diese obsolet sind. Kleinmut in diesem Kontext ruft nach Trost und Aufrichtung. Unabhängig von der konkreten Situation in dieser Gemeinde lernen auch wir: Jeder Tadel würde den Kleinmut eher noch verstärken. Viel eher braucht es liebevolle Aufmerksamkeit und Trost. Was macht klein? Was lässt verzagen? Ist es die Latte, die zu hoch aufliegt? Zu großer Druck? Ist es eine erfahrene Abwertung? Wie alle als unangenehm empfundenen Stimmungen gilt es auch den Kleinmut freundlich anzuschauen, verständnisvoll zu erforschen. So kann er sich am ehesten auflösen oder verwandeln. Das gilt für die Stimmung der Einzelnen, es gilt erst recht für die sozialen und kommunikativen Strukturen, durch die wir uns und andere kleinmachen. Die sogenannten kleinen Leute sind ja allzu oft die Kleingemachten. Zudem kennen wohl die meisten das Grundgefühl kreatürlicher Kleinheit – angesichts des Sternenhimmels z. B. oder der Meeresweiten oder auch der Schicksalsschläge: „Nicht zu fassen", sagen wir dann, „das ist einige Schuhnummern zu groß."

GF: Simone Weil meinte, Unglück und Schönheit seien die beiden Schlüsselerfahrungen, die uns kleinmachen – und zugleich den Weg zum wahren Leben öffnen können. Und Camus sprach von der Absurdität der Welt: Wir können uns aus uns heraus keinen Reim auf alles machen, wir sind zu klein dafür und auch zu groß, wir müssen es bewältigen wollen und können es nicht, wir bleiben überwältigt und finden uns damit nicht ab. So klein und so groß ist unser Mut.

Nochmal also: Wie mit Kleinmut umgehen? Dazu braucht es natürlich Achtsamkeit und Zuwendung – nicht zuletzt im spirituellen Kontext und im Raum religiösen Glaubens. Je mehr die letzte Wirklichkeit als wohlwollend und lebensbejahend geglaubt werden kann, desto mehr kann jene Lebenskunst gelingen, in der wir uns weder kleinmütig zu wenig zutrauen noch uns hochmütig überheben. Leider haben gerade bestimmte christliche und kirchliche Verhaltensweisen – entgegen der eigenen Botschaft – den Menschen klein(-mütig) zu machen und zu demütigen versucht. Weil man die unendliche Größe und absolute Transzendenz Gottes betonen wollte, meinte man, den Menschen erniedrigen zu müssen – als bestünde zwischen Gott und Mensch eine Konkurrenz. Aber nach Kierkegaard besteht die Größe des Menschen ja gerade darin, Gottes zu bedürfen – und die Größe Gottes ist es, des Menschen bedürfen zu wollen. Es ist ein Verhältnis wechselseitig freigebender Freiheit und Liebe. Nie macht man den Schöpfer groß, wenn man sein Geschöpf und die Schöpfung klein macht. Wie in jeder wachsenden Beziehung schließt das den Mut zu ehrlicher Auseinandersetzung ein, auch den Mut zu Konfrontation und Konflikt, wo es denn sein muss. Das bedeutet konkret: Wer sich überschätzt und aufbläst, wird in seine Schranken gewiesen. Denn wenn der Mensch wie Gott sein will, weigert er sich Mensch und Mitmensch zu werden. Wer sich aber unterschätzt und abwertet, wird aufgebaut und groß gemacht. „Die Niedrigen erhöht er" (vgl. Lk 1,52).

64

Nur als frecher Impuls sei noch festgehalten: Kleinmut könnte ja auch als Mut zum Kleinen übersetzt werden! Nicht das Vielerlei, sondern das Eine; nicht das Spektakuläre und Tolle, sondern das Banale; nicht das Große, sondern eben das Geringe und Kleine gilt es zu suchen, zu entdecken und wertzuschätzen. Mit einem goldenen Wort eines vietnamesischen Bischofs gesagt: „Nutze jeden Tag die Gelegenheit, um kleine Dinge in großartiger Weise zu erledigen."[41]

Langmut

GF: Nicht gleich japsen, schnaufen oder platzen – Langmut drückt plastisch eine Haltung aus, die jede*r kennt: den langen Atem. Der ist uns gegeben, wenn wir gut im Rhythmus sind. Da entsteht Raum, geduldig und achtsam mit sich und anderen umzugehen. Aber wie oft prallen unterschiedliche Erwartungen kurzatmig aufeinander. Wohl in Konflikten erst zeigt sich, wie es wirklich um die Langmut steht. Sie ist das Gegenteil von Langeweile oder Laissez faire: Welche Kraft kann es kosten, das Anderssein der anderen auszuhalten – und auch sich selbst. Und welche Kunst, die anderen auch nicht an der langen Leine zu halten, sondern wirklich frei zu lassen!

Lapidar brachte es schon Paulus auf den Punkt: „Die Liebe ist langmütig" (1 Kor 13,4). Entsprechend gehört die Langmut nicht zu den Eigenleistungen, die man machen kann oder verdienen könnte und müsste. Sie ist vielmehr „die Frucht (!) des Geistes" (Gal 5,22) – also das Ergebnis einer inneren Haltung, ja eines Wirkens von woanders her. Wissen Liebende nicht immer, dass ihre Beziehung ein Geschenk ist?

Damit ist man dem wahren Leben nahe und trägt zu Frieden und Wohlergehen bei. Denn Langmut ist, wie könnte es anders sein, gemäß der Bibel eine besondere Eigenschaft Gottes – jenes Gottes jedenfalls, den Alt-Israel in seiner Geschichte einzig glaubhaft findet und zum Maß aller Dinge macht. In der Gestalt des Mose weiß sich das ganze Volk angesprochen: „ICH-BIN-DA. Ein mitfühlender, gnädiger Gott bin ich, langmütig, treu und wahrhaftig, ICH" (Ex 34,6 BigS). Die Glaubensgemeinschaft sammelt darin ihre historische Erfahrung, trotz allem heil durchgekommen zu sein, und macht sie zum Zeichen für alle Menschen. Es ist, als hätte Gott immer wieder Grund, seine ständige Schöpfungsinitiative zu bereuen und endgültig die Geduld zu verlieren. Langmut Gottes wird zum Inbegriff seiner absolut nicht selbstverständlichen Treue und Geduld, ohne die das Volk und der Einzelne längst am Ende wären. Die Schöpfung im Ganzen lebt ständig neu davon. Entsprechend betont Paulus die Langmut Gottes (Röm 9,22) und verspricht Lukas „Zeiten des Aufatmens" (Apg 3,20). Die braucht es für die Geschichte der Welt als Schöpfung sowie für die Kirche(n) als das, was sie sind und sein sollen: Avantgarden der wahren Welt und der neuen Schöpfung. Diese neue Schöpfung wird ja nicht zufällig im Bild der entspannten Sabbatruhe erhofft (z. B. Hebr 4,1–11). Und immer steht, wie bei Matthäus, die Gestalt Jesu Pate: „Ich will euch aufatmen lassen" (11,28 Fridolin Stier). Das gilt für jeden Menschen. Wohlgemerkt: Diese Langmut hat nichts Fahrlässiges, als könnte alles auf den Sankt Nimmerleinstag verschoben werden. Im Gegenteil: Sie verpflichtet. Biblisch gehören Gottes Langmut und Gottes Gericht durchaus zusammen. Und immer ist es die Liebe: sie „trägt das Böse nicht nach" (1 Kor 13,5).

IL: Gut, dass diese Geduld und dieser lange Atem der Liebe Gottes zugeschrieben werden. Die göttliche Langmut steht in krassem Gegensatz zur menschlichen Ungeduld und Kurzatmigkeit. Sie schafft einen weiten Raum, in dem auch Langsamkeit sein darf. Es ist heilsam, sich in diesen Raum der Langmut zu begeben, langsam zu werden, dessen gewahr zu sein, dass die menschliche Seele zur Heilung und Entfaltung eines fast unvorstellbaren Langmuts bedarf. Wer regelmäßig betet oder meditiert, weiß, wie viel Ausdauer das braucht. Wie oft der Eindruck entsteht, dass sich nichts ereigne, nichts geschehe im Schweigen und Sitzen in der Stille. Langmut ist der Mut des langen Atems, des Durchhaltens, der Treue, immer wieder von Neuem.

Posthum sind von Walter Kempowski Gedichte erschienen, in denen er seine Haft-Erfahrung im DDR-Gefängnis Bautzen verarbeitet. Dieser Gedichtband trägt den Titel „Langmut". Ja, Jahre und Jahrzehnte kann es dauern, bis erlittenes Unrecht vergeben werden kann. 15 Jahre Kontemplation habe er dafür gebraucht, meinte z. B. der jüngst verstorbene Kontemplationslehrer Franz Jalics, der zu Zeiten der Diktatur in Argentinien in Einzelhaft geriet und dafür seinen Vorgesetzten, den jetzigen Papst Franziskus, mitverantwortlich machte.

„Ein hitziger Mensch erregt Zank, ein langmütiger besänftigt den Streit" (Spr 15,18). Er trägt zum Weltfrieden bei und nimmt aktiv teil an Gottes Bewahrung der Schöpfung. An der Langmut Christi (vgl. 1 Tim 1,16) ist zu erkennen, dass Gelassenheit und Engagement untrennbar sind.

Lebensmut

IL: Trotz schwerer Krankheit und Schmerzen, trotz des Todes und der Angst davor, trotz schrecklicher Verluste, trotz der Erfahrung von Leere, Absurdität und Sinnlosigkeit – trotz alledem Ja zum Leben sagen?[42] Ist dieser Mut möglich?

Franz Kafka hat sich dazu einen inneren Dialog notiert: „‚Dass es uns an Glauben fehle, kann man nicht sagen. Allein die einfache Tatsache unseres Lebens ist in ihrem Glaubenswert gar nicht auszuschöpfen.‘ Sagt die erste Stimme. Darauf die zweite: ‚Hier wäre ein Glaubenswert? Man kann doch nicht nicht-leben.‘ Darauf die erste: ‚Eben in diesem ‚Kann doch nicht‘ steckt die wahnsinnige Kraft des Glaubens; in dieser Verneinung bekommt sie Gestalt.‘"[43] Zahlreiche namhafte und namenlose Mitmenschen bezeugen solchen mit dem Glaubensmut aufs Engste verbundenen Lebensmut – mitten in größten Gefahren und schwersten Krisen.

Paul Tillichs „Mut zum Sein" trotz aller Ängste erfasst den Lebensmut als basale Zustimmung zum Dasein, ohne den kein Leben denkbar ist und in dem jene Initiativkraft immer schon am Werke ist, die Religionen göttlich nennen oder gar Gott. Diesen göttlichen Mut nennt er „absolutes Glauben". Und der führt in das Geheimnis, das alle Vorstellungen und Sprachen sprengt.

Selbst „Gott" ist dann, personal und überpersonal, wie eine Tür ins Unsagbare. Tillich spricht von „Gott über Gott". Der absolute Glaube glaubt an „Gott über Gott", an etwas, das nicht personal erfahrbar ist, das sich auf das Sein selbst richtet, an dem ich partizipiere, auch wenn ich zweifle oder „gott-los" bin. Der absolute Glaube „ist kein Ort, wo man leben kann; er ist ohne Sicherheit, die Worte und Begriffe vermitteln, er ist ohne Namen, ohne Kirche, ohne Kult, ohne Theologie. Aber er ist in der Tiefe von ihnen allen wirksam. Er ist die Macht des Seins, an dem sie alle partizipieren und dessen fragmentarische Ausdrucksformen sie sind. [...] *Der Mut zum Sein gründet in dem Gott, der erscheint, wenn Gott in der Angst des Zweifels untergegangen ist.*"[44] Dieser Mut zum Sein ist so viel wie der Mut zum Leben und zum Lieben. Denn das göttliche Sein ist Leben, ewiges Leben und Liebe, eine Dimension, die wir erahnen oder „rockzipfelweise" erhaschen, doch niemals festhalten oder begreifen können.

GF: Ja, so lässt sich das alltägliche Urvertrauen trotz allem und der biblische Glaube an Gott schön zusammenbuchstabieren: „Alles ist (doch) gut, sehr gut" – heißt der Notenschlüssel der ganzen Bibel. Bloß als Bestandsaufnahme gelesen, wäre er ziemlich verrückt angesichts der realen Verhältnisse jenseits von Eden. Aber mit dem entschiedenen Ja zur Welt als Gottes sehr gute Schöpfung ist ja auch der Protest verbunden gegenüber allem, was noch faul und schlecht ist – und vor allem eine Verheißung, dass es endlich gut, sehr gut werden möge, nicht zuletzt dank unseres eigenen Lebensmutes und der proaktiven Mitarbeit am Erhalten und Gelingen der Schöpfung. Für Christenmenschen hat dieser Lebensmut vor allem einen Namen und ein Gesicht: Jesus von Nazareth. In ihm ist der Gott glaubhaft geworden, „der die Toten lebendig macht und das, was nicht ist, ins Dasein ruft" (Röm 4,17). Gott ist eben mehr als das Ganze, und das Maß seiner bzw. ihrer Schöpfertreue ist nur er/sie selbst, absolut unvergleichlich und nicht zu fassen – und doch uns näher als wir uns selbst, gerade als Lebensmut und Ja zum Dasein.

Deshalb ist die Maxime Meister Eckharts so alltagspraktisch: „Die Leute brauchten nicht so viel nachzudenken, was sie *tun* sollten; sie sollten vielmehr bedenken, was sie *wären*" – weder Blindgänger noch Zufallsprodukte, sondern Gottes Geschöpfe und Schöpfungsanwält*innen.[45] Und: „Gott ist ein Gott der Gegenwart. Wie er dich findet, so nimmt und empfängt er dich, nicht als das, was du gewesen, sondern als das, was du jetzt bist." Meister Eckharts Zeitgenosse Duns Scotus hat für diesen Lebensmut, der dann immer ein Zusammenarbeiten von Gott und Mensch ist, die Formel gefunden, die wie ein Navi genutzt werden kann: „Gott will [uns als] Mitliebende."[46]

Missmut

IL: Die eigene Lage wird als übel, als misslich empfunden, da fehlt etwas, ärgert und wird diffus vermisst. Verstimmung macht sich breit, wortwörtlich: Es stimmt nicht, der Einklang des Lebens fehlt. Missmutig sein gehört nicht zu den angenehmen Stimmungen. Da gilt auch, was wir zu „kleinmütig" schrieben: Es wäre eine

Illusion, wenn mit einem geistlichen Leben permanent gute Laune verbunden wäre. Entscheidend ist wohl, sich mit solch „mieser" Stimmung nicht zu identifizieren, sondern sie geduldig wahrzunehmen und eine gute Distanz dazu zu gewinnen. Ziel des spirituellen Lebens ist ja, jenen Innenraum des Friedens betreten zu dürfen, in dem wir relativ unabhängig sind von unseren Gedanken und Gefühlen – nicht weil diese nicht wichtig wären, sondern weil sie Durchgangstore sind in die innerste Wohnung, wie Teresa von Avila das nennt. Alle Stimmungen werden zum Gekräusel und Gewirbel nur mehr auf der Oberfläche des Ozeans, entscheidend aber ist die Tiefenströmung innigster Gottes- und Selbstverbundenheit.

GF: In der nautischen Metaphorik bleibend, könnten wir auch sagen: klar Kurs halten und den (Un-) Wettern nie das letzte Wort lassen. Denn dann würde man in jene gefährlichste aller Flauten geraten, die die frühen Glaubenslehrer *acedia* nannten, eben Überdruss, Missmut und schließlich Resignation und Verzweiflung. Es geht dabei nicht nur um momentane Stimmungslagen, sondern um eine Art Lebensekel, der alles dunkel einfärbt, beschwerlich und aussichtslos macht. Das gängige Wort „Frust" wäre viel zu wenig. Niemand ist davor gefeit, in dieses Fahrwasser zu geraten. Umso wichtiger ist es, die Vorboten solchen Unheils zu erkennen und sich zu wappnen. Nach Auskunft der frühen Mönchsväter gehören Gebet und Arbeit dazu – und natürlich gute Beziehungen und geistliche Begleitung. Fatal wäre es, alles mit sich allein ausmachen zu wollen. Mut braucht es in jedem Fall, sich dem Misslichen zu stellen und die

Gründe dafür zu bearbeiten. Aber Patentlösungen gibt es natürlich nicht, zu abgründig ist unsere Innenwelt und zu geheimnisvoll, wie Gott wirkt – in jedem Fall zum Guten. Denn Ziel und Sinn des Menschseins ist das Gelingen. Dass alles zum Guten werden kann und soll, selbst das Böse, gehört zum Grundzug jedenfalls christlicher Spiritualität. „Missmut ist kein Zeichen von Heiligkeit", unterstreicht Papst Franziskus, vielmehr Freude und nicht zuletzt Humor.[47]

Mutanfall

IL: Zu den wichtigen Glaubenslehrer*innen gehört für mich Dorothee Sölle. „Mutanfälle": Das ist nicht nur ein origineller Titel einer 1993 veröffentlichten Textsammlung, sondern es ist ein Programmwort ihres mystischen und politischen Wirkens. Hier ein Mutanfall, der sich mit der „Sowohl-als-auch-Falle" befasst, einem Ausdruck jener „Toleranz", die wohl eher Feigheit und Faulheit ist:

„Ökonomie, Politik, Sexualität, Ethik, ja alle Lebensformen, auch Religion, werden im Rahmen der postmodernen Beliebigkeit einer umfassenden neuartigen Ästhetisierung unterworfen. Die Wertfreiheit und der religiöse Pluralismus führen zu einer Haltung, in der Auswahl, Akzentuierung und Emphase allein ästhetischen Geschmacksurteilen folgen. ‚Does it feel good?' wird zur Leitfrage, die aus dem ‚anything goes' folgt. Die totale Toleranz duldet alles, nur nicht eine Vorwegnahme der Zukunft, einen ‚Vorschein' von Freiheit, eine gemeinsame Hoffnung und Anstrengung für unsere Luft und unser Wasser, für die Kinder, die nach uns leben sollen. Es stimmt eben nicht, dass ‚alles' geht. Jedenfalls nicht auf diesem kleinen Planeten, von dem wir nur einen haben."[48]

GF: Ja, ich denke dankbar an die Begegnungen mit Dorothee Sölle und an ihre heiße Gottesleidenschaft. Diese heilige Wut, die sie überkommen konnte, steht in einer großen Geschichte, wenn ich an die Tempelreinigung Jesu denke und das Schicksal der Propheten. Welch geistliche Kraft ist z. B. bei Katharina von Siena zu bewundern: „Seien Sie kein ängstlicher Säugling, seien Sie ein Mann" – so heizte sie dem Papst in Avignon ein, dass er endlich nach Rom zurückkomme.[49] Auch die kecke Teresa von Avila gehört zu diesen fantastischen Glaubensmüttern und -schwestern. Sie hat ja auch wie Sölle Gedichte geschrieben, weil das unfassbare Geheimnis des wahren Lebens alle Formen und Sprachen sprengt. Mit dem Stichwort „Mutanfälle" verbindet sich die Aufgabe, zwischen guter und schlechter Aggression zu unterscheiden und eine Spiritualität gottgemäßer Konfliktbearbeitung zu entfalten. Spricht die Bibel nicht selbstverständlich vom „Zorn Gottes" und seinem „Gericht"? Nur keine softige, aggressionsgehemmte Spiritualität. Die Verhältnisse, sie sind nicht so.

Opfermut

GF: Was tun Eltern alles für ihre Kinder! Sie „opfern" Zeit und Kraft; sie geben viel von sich und bekommen viel. Es ist mutig, sich derart auf Beziehung wirklich einzulassen; das kostet und ist kostbar! „Der eine lebt vom anderen. Allein kann keiner sein!" Opfermut ist ein großes Wort, das schnell ans Heldenhafte denken lässt und im Christlichen leider oft missverständlich gebraucht wurde. Das deutsche Wort Opfer kommt von „operari" (also schlicht: handeln und sich einsetzen) oder von „offere" (darbringen, schenken, verausgaben). Immer geht es um den Mut, etwas und sich selbst einzubringen. Im Tausch geschieht es wechselseitig eins zu eins, in wirklicher Freundschaft und Liebe wird diese Balance schöpferisch gestört. Denn da sind wir absichtslos da, ohne etwas dafür zu erwarten oder zu fordern. Da ist Hin-Gabe und Ver-Gebung wortwörtlich zuvor-kommend, jenseits von Angebot und Nachfrage und letztlich „ohne Warum". Ich liebe dich, weil ich dich liebe; und ich lasse mich lieben, weil ich mich lieben lasse. Das war offenkundig die Lebensart Jesu, das prägt das christliche Bekenntnis zu ihm. Schon die frühesten Passionsberichte sprechen von diesem Opfermut Jesu: Er konnte sich großzügig verschwenden und verausgaben „bis zum Äußersten", so erfüllt war er von der Gegenwart des kommenden Gottes (vgl. Joh 13,1). Paulus findet Loblieder auf diesen Jesus schon vor (vgl. Phil 2,5–11) und empfiehlt dessen Opfermut als Alltagshaltung in den Gemeinden (Röm 12,1f) – überzeugt davon, dass Jesu Auferstehungskraft auch hier und jetzt das Wunder selbstloser Hin-Gabe ermöglicht. Die Bergpredigt von Matthäus (Mt 5–7) und die Feldrede von Lukas (Lk 6,17–49) unterstreichen das.

IL: Opfer hat einen doppelten Sinn: Es gibt Opfer von Gewalt, Unfällen, Schlachtopfer u. Ä. (englisch: victime) und (Dank-)Opfer der Hingabe (sacrifice). Das hat leider oft Verwirrung gestiftet und tut es noch. Wenn Christ*innen vom Opfer Jesu sprechen oder von der Erlösung durch sein Blut, ist nicht das Schlachtopfer gemeint – so als brauche Gott blutige Opfer, um versöhnt zu werden, und Jesus wäre leidverliebt ans Kreuz gegangen. Nein, er hat sich im Vertrauen auf den Gott Israels für dessen Reich und Gerechtigkeit eingesetzt, konkret also für bedrängte andere. Was Eltern wie selbstverständlich für ihre Kinder tun und Freund*innen füreinander, was also im Grunde der Schöpfungsordnung „normal" ist und jeder und jedem zugänglich, das hat Jesus neu und radikal praktiziert – als Ankunft von Gottes wahrer Welt in unserer falschen. Er ist bis zuletzt konsequent auf diesem Weg der selbstlosen Hingabe geblieben; er hat sich verausgabt und „geopfert" „für euch und für alle".

Solches Martyrium um der Mitmenschen und um Gottes willen ist etwas ganz anderes als jenes eigensüchtige Verhalten, mit dem heute sogenannte Märtyrer*innen ihr Leben einer Idee opfern und wahllos oder gar absichtlich andere mit in ihren Tod reißen. Es gilt also zu beachten: Opfermut ist nicht gleich Opfermut. Ein entscheidendes Kriterium ist, ob jemand im Namen des Lebens und für andere sich einsetzt bis zum Äußersten (also wirklich biophil) oder – bewusst bzw. in Verblendung – sich und andere(s) zerstört (also letztlich nekrophil).

Reimut

IL: Inzwischen sind uns in diesen „Mut-Proben" schon einige Vornamen begegnet, die heute selten geworden sind. Dazu gehört auch Reimut. In der ersten Silbe steckt das Wort „recht". Angesprochen ist also der Mut, der recht ist und klar ausgerichtet. Und wohl auch umgekehrt jene Recht-Schaffenheit, die Mut macht und dafür die richtig Basis schafft.

GF: Wir kennen das aus der ökumenisch zentralen Debatte um die „Rechtfertigung". Wenn etwas recht gefertigt ist, dann ist es gelungen: Intention und Ergebnis stimmen überein, es passt. Entsprechend sind wir Menschen dann recht und gerechtfertigt, wenn wir uns lieben lassen und lieben. Religiöser gesagt: Der „richtige" Reimut ist der gottverbundene, der gottdurchlässige Mensch. Er muss sich nicht selbst rechtfertigen, er ist schon recht von Gottes Gnaden, und er wird es, je mehr er sich verdankt weiß und also sich nicht produzieren muss.

Reumütig

GF: Für manche ist das wunderbare Chanson von Edith Piaf ein Ohrwurm: „Je ne regrette rien." Leidenschaftlich besingt die vitale Künstlerin das ganze Leben mit seinen Höhen und Tiefen, nichts will sie missen, so schwer es bisweilen auch ist. Die Reue, die sie verneint, ist ihr wohl kirchlich vermittelt worden und lässt bittere Erblasten ahnen. Christenmenschen standen im Verdacht, das Leben mieszumachen und voller Ressentiments in die Welt zu schauen. Vor lauter Sünden- und Gerichtsangst wagten sie das Leben nicht. „Das Christentum gab dem Eros Gift zu trinken", meinte Nietzsche.[50] Reumütig galt als gleichbedeutend mit lebensängstlich, triebgehemmt und bloß defensiv; von praller Daseinsfreude keine Spur.

Aber grade wenn man, wie Piaf, nichts bedauert: Warum muss sie das extra lauthals singen? Es gibt offenkundig die elementare Erfahrung des Versagens und Versäumnisses. Manches ist unwiederbringlich dahin: „Gutes unterlassen und Böses getan". Wer das leugnete, stünde im Verdacht der Selbsttäuschung und des Betrugs. Der Mensch, dieses „Geständnistier" (Nietzsche), will Wahrheit, auch wenn er Angst vor ihr hat. Meisterlich haben das z. B. Dostojewski („Die Brüder Karamasow") und Camus („Der Fall") dargestellt. Reue ist die fantastische Fähigkeit, sich auch des Unangenehmen und Schlimmen erinnern zu können und dazu eine offensive, bejahende, akzeptierende Haltung einzunehmen. Man muss nicht länger verdrängen, gar lügen und täuschen. Man kann Schuld erkennen und bekennen; man kann dazu stehen und entsprechende Konsequenzen daraus ziehen. Reue ist also weit mehr als ein Gefühl oder eine Gesinnung, es führt zu Bekenntnis und sogar „Wiedergutmachung". Das erfordert Kraft und Mut zur ganzen Wahrheit, das macht demütig und holt auf den Boden der Tatsachen.

IL: Das Wort Reue erinnert an alte theologische Kontroversen. In der katholisch-theologischen Tradition wurde zwischen einer Reue aus Furcht vor Strafe (attritio) und einer Reue aus Liebe (contritio) unterschieden. Diese letzte Form der Reue gilt als die vollkommene. In der Reformation wurde dieses Konzept von Reue kritisiert, weil Reue dabei als ein „Werk" erschien, eine Voraussetzung, eine menschliche Leistung, die nötig sei, um Vergebung zu erlangen. Dass in den evangelischen Kirchen dann oft gleichsam das Kind mit dem Bade ausgeschüttet wurde und wird, hat Dietrich Bonhoeffer moniert. In seinem Buch „Nachfolge" schreibt er: „Billige Gnade heißt Gnade als Schleuderware, verschleuderte Vergebung, verschleuderter Trost, verschleudertes Sakrament, Gnade als unerschöpfliche Vorratskammer der Kirche, aus der mit leichtfertigen Händen bedenkenlos und grenzenlos ausgeschüttet wird, Gnade ohne Preis, ohne Kosten.

Doch es sei ja gerade das Wesen der Gnade, dass die Rechnung im Voraus für alle Zeit beglichen ist. Auf die gezahlte Rechnung hin ist alles umsonst zu haben. Unendlich groß sind die aufgebrachten Kosten, unendlich groß daher auch die Möglichkeiten des Gebrauchs und der Verschwendung. Was wäre auch Gnade, die nicht billige Gnade ist? [...]

In dieser Kirche findet die Welt billige Bedeckung ihrer Sünden, die sie nicht bereut und von denen frei zu werden sie erst recht nicht wünscht."[51]

Was Bonhoeffer meint, ließe sich vielleicht auch so sagen: Liebe zu erfahren ist etwas Wunderbares. Doch vor dem Hintergrund der erfahrenen Liebe wächst auch die Erkenntnis der eigenen Lieblosigkeit. Diese Erkenntnis schmerzt und führt zum Bedauern. Hier geht es um Erfahrungen oder Widerfahrnisse. Bonhoeffer kritisiert an seiner Kirche, dass stattdessen eine Lehre und eine Idee den Ton angeben. Diese Form von „Verkopfung" hätte auch Martin Luther nicht gefallen. Ihm zufolge macht die Erfahrung den Theologen, die Theologin. Es gibt kein wahres Leben ohne Reue, denn als Menschen werden wir nie vollkommen Liebende sein. Wichtig ist nur, nicht in dem bisweilen auch als köstlich empfundenen Reueschmerz stecken zu bleiben, sondern ihn möglichst umgehend wieder los- und damit von sich selbst abzulassen.

GF: Wir Katholik*innen können Luther und seiner Reformation nur dankbar sein. Denn er hat die Gefahr der Werkerei und des Moralismus aufgedeckt, wonach man sich Gottes Liebe verdienen müsste. Bonhoeffer nun markiert auf evangelischer Seite das Problem der billigen Gnade – als ob man sich folgenlos Gottes Liebe überlassen könnte. Liebe hat immer ihren Preis und verpflichtet auch! Es ist wie bei Straßengräben: Man kann in den einen rutschen und die Sache mit Gott und seiner stets vergebenden Güte bis zum Nullwert verbilligen oder in den anderen einer rigoristischen Verschärfung bis zur ständigen Überforderung. Aber wirklich weiter geht es nur mit der Basisüberzeugung: Alles ist Gottes Geschenk. „Er" gibt schon das Wollen (Phil 2,13), nicht erst das faktische Realisieren in „Werken", besser in Früchten gelebter Vergebung (vgl. Gal 5,22f).

Machen wir's konkret: Schuld nicht nur für sich zu erkennen, sondern sie vor anderen zu bekennen, braucht Mut. Selbst wenn ich reumütig um Vergebung bitte, besteht ja die reale und begründete Möglichkeit, dass mir die Bitte abgeschlagen wird. Und mir wirklich selbst vergeben kann ich sowieso erst, wenn andere mich erhört und mir vergeben haben. Es braucht Glauben und Vertrauen – das gilt zwischenmenschlich und erst recht vor Gott. Woher aber diesen Mut nehmen, ohne zu stehlen? Und sich ehrlich vor Gott zu bekennen, indem man einem anderen Menschen „von Angesicht zu Angesicht" gegenübersitzt, macht es schmerzhaft noch konkreter. Aber genau das tut dann auch endlich gut. Schon der Mut zur ehrlichen Aussprache und zum aufrichtigen Bekenntnis ist Geschenk, Wirken des Heiligen Geistes; erst recht die sogenannte Absolution, der Vergebungszuspruch oder die Lossprechung im Namen Gottes, der „in Christus die Welt mit sich (schon) versöhnt hat" (2 Kor 5,19), alle Menschen also und auch meine Wenigkeit. Und nun, da mir von Gott vergeben wurde, hat niemand mehr ein Recht, mich zu verurteilen, auch ich selbst nicht. Martin Luther ging übrigens sein Leben lang regelmäßig beichten. Und auch Bonhoeffer hat die Beichte praktiziert. Heute wird dieses Geschenk göttlicher Vergebung gerade in der Beichte wieder entdeckt. Und noch klarer wird dadurch, was Reue ist – nicht eine angst- und druckgesteuerte Selbstoffenbarung (Furchtreue), sondern immer schon Vertrauensresonanz auf jene Liebe, die glaubhaft und einladend ist und wunderbar guttut (Liebesreue).

IL: Was ich besonders starkmachen will, kleidet Madeleine Delbrêl in wunderbare Worte:

„Eines ist sicher: Die Gottesliebe setzt unser Herz einer schweren Prüfung aus. Damit das Herz zu dieser Liebe fähig werde, muss unser Herz ständig von Christus bekehrt werden.

Während dieser Bekehrung, durch sie hindurch, vermutlich bis ans Ende unseres Lebens, werden wir bald an der Engherzigkeit unserer Liebe, bald an ihrer Parteilichkeit, bald an ihren Verirrungen zu leiden haben.

Die einen werden gegen eine Rührseligkeit ankämpfen, die nicht Liebe ist, andere gegen eine Hartherzigkeit, die mit Liebe unvereinbar ist. Andere wiederum werden gegen beides ankämpfen, abwechslungsweise, je nachdem sie, im Bestreben, eine Schwäche zu vermeiden, in ihr Gegenteil verfallen werden.

Daher begegnet man Christen, die ihr zu weiches Herz festigen wollten und es dabei verhärtet haben, und anderen, die ein zu hartes Herz weicher machen wollten und es dabei zu weich werden ließen. Dies so lange, bis sie von Christus lernten und von ihm ein weder hartes noch zu weiches Herz empfingen: ein zärtliches Herz."[52]

Hier wird deutlich: Christus bekehrt und Christus lehrt – es geht um ein Geschehen von Geschenk und Gnade. Und die Herzens- bzw. „Mut-Bildung", zu der immer auch die Reue und das Bedauern gehören, ist ein lebenslanger Prozess.

Sanftmut

GF: In Bert Brechts „Legende von der Entstehung des Taoteking" lautet die Erkenntnis des weisen Laotse, „dass das weiche Wasser in Bewegung mit der Zeit den harten Stein besiegt"[53]. Sanftmut klingt zunächst kuschelig und hat den Beigeschmack von mangelnder Widerstandskraft. Dabei geht es um eine höchst kraftvolle, spannungsstarke Haltung. So ähnlich eben, wie ständig tropfendes Wasser ganz sanft, aber unerbittlich Felsen abtragen kann. In der Bibel, besonders beim Judenchristen Matthäus, wird Jesus als die Normgestalt schöpferischer Sanftmut vorgestellt und empfohlen. „Lernt von mir, denn ich bin sanftmütig und von Herzen demütig" (Mt 11,29). Fast sinngleich mit Demut geht es also um einen friedvollen und solidarischen Umgang mit uns selbst, mit anderen, mit der Erde und mit Gott, vollends gewaltfrei. „Selig sind die Sanftmütigen; denn sie werden das Erdreich besitzen" (Mt 5,5). Maßstab ist Jesus selbst, der sanftmütig in Jerusalem einzieht (vgl. Mt 21,5), mitten hinein in das Auge des Orkans von Kreuzigung und Gewalt, aber eben nicht auf dem hohen Ross der Mächtigen, sondern auf dem Esel der Niedrigen und Erniedrigten. „Sanftmütigkeit ist sein Gefährt", heißt es im Adventslied „Macht hoch die Tür". Jesu Sanftmut ist von ungeheurer Konsequenz und Widerstandskraft. Ihre Quelle ist Gottes Liebe. Ihr das letzte Wort zu überlassen, macht frei, um im Hier und Jetzt hellwach zu realisieren, was zu tun und zu lassen ist, aber eben gewaltfrei, zärtlich und entschieden, mit dem Mut zu befreienden Alternativen. Diese Sanftmut von Gottes Gnaden ist weit mehr und anderes, als sich nicht aus der Ruhe bringen zu lassen und nie die zugewandte Contenance zu verlieren. Der sanftmütige Jesus des Matthäus ist der Anwalt der kleinen Leute, der Stillen im Lande, der Mundtotgemachten und Armen. Ihnen steht er heilsam zur Seite und ändert dadurch die Verhältnisse.

Wir müssen das Wort Sanftmut aus der Ecke der Verniedlichung herausholen und von seinen Schattenseiten befreien: konfliktscheu, harmoniesüchtig, angepasst und ein wenig langweilig – darum geht es gerade nicht, denn da wäre eher Aggressionshemmung zu vermuten. Nein, es geht um eine innere Haltung der Friedfertigkeit, die sich auch angesichts von Konflikten und Schwierigkeiten durchhält und das Paradox einer „schwachen Stärke" realisiert. Vielleicht könnte man es mit „Zärtlichkeit und Kraft" übersetzen, jedenfalls hat es mit Gewaltverzicht und gewaltfreiem Widerstand zu tun – fern von jener Form von Smiley-Spiritualität, die alles und jedes verstehend an- und weglächeln will, ohne je Zähne zu zeigen.

IL: Im Abschnitt „Mutanfälle" haben wir den Wert von Wut und Zorn hervorgehoben. Diese Regungen, so wichtig und angemessen sie sind, können schnell ins Destruktive und Ungerechte abdriften. Dagegen kann eine Erinnerung an Franz von Sales (1567–1622) helfen. Er gilt als „Heiliger der Sanftmut" – von seinem Charakter her zu Zornesausbrüchen neigend und umso konsequenter gegensteuernd. Bei ihm gehört Sanftmut in die Palette christlicher Charakterbildung und hat eine zugleich asketische und ethische Dimension. Aber die geistgewirkte Arbeit an sich selbst steht immer in einem sozialen und karitativen Kontext. In der „Anleitung zum frommen Leben" – damals unter dem Titel „Philothea" (= Gottesliebhaberin) ein Bestseller und ursprünglich ein ratgebender Briefwechsel mit Louise von Charmoisy – findet sich ein Kapitel „Sanftmut – Mittel gegen den Zorn". Darin heißt es:

Sei „darauf bedacht, *dass Sanftmut und Demut in deinem Herzen wohnen*. […] Dieses armselige Leben ist nur ein Wandern zum ewigen Leben; zürnen wir also einander nicht auf dem Weg [...]. Zürne überhaupt nie, wenn es möglich ist. Lasse keinen Vorwand gelten, der dein Herz dem Zorn zu öffnen vermöchte. Der hl. Jakobus sagt ganz kurz und ohne Einschränkung, dass der Zorn eines Menschen nicht tut, was vor Gott gerecht macht (Jak 1,20).

Gewiss müssen wir *dem Bösen widerstehen* und gegen die Fehler derjenigen vorgehen, für die wir Verantwortung tragen: beharrlich und furchtlos, zugleich aber stets ruhig und friedlich. Nichts besänftigt den rasenden Elefanten so leicht wie der Anblick eines Lammes, und nichts bricht so leicht die Wucht eines Geschosses wie weiche Wolle. [...]

Man bemüht sich also *besser, ohne Zorn auszukommen*, als selbst mäßigen und berechtigten Zorn zu dulden. Werden wir einmal aus Schwäche und Unvollkommenheit davon überrascht, dann ist es besser, ihn rasch niederzuschlagen, als mit ihm zu unterhandeln; denn sowenig Freiheit man ihm auch zugesteht, er macht sich doch schnell zum Herrn der Lage, der Schlange gleich, die leicht ihren ganzen Leib nachzieht, wo sie einmal den Kopf durchstecken konnte.

Wie aber schlägt man den Zorn nieder? Nimm schnell deine Kraft zusammen, sobald du ihn aufsteigen fühlst: *nicht heftig und ungestüm, sondern ruhig und doch ernsthaft*. Bei Parlaments- und Gerichtssitzungen machen oft die Türhüter, die „Ruhe!" schreien, mehr Lärm als die Leute, die sie zum Schweigen bringen wollen; so geht es auch oft mit dem Zorn: wenn wir heftig dagegen ankämpfen, machen wir unser Herz unruhiger, als es vorher war, so dass es vor Aufregung nicht mehr Herr über sich selbst ist."

Franz von Sales empfiehlt an dieser Stelle das Gebet, in Erinnerung an den Jesus, der Sturm und Wellen Einhalt zu bieten vermag (vgl. Mk 4,35–41) und auf den es die Hoffnung zu setzen gilt. Auch dieses Gebet soll sanft sein. Weiter heißt es im Text: „Das beste Mittel gegen die Lüge ist, sie zurückzunehmen, sobald man sich ihrer bewusst wird; so ist es auch ein gutes Heilmittel gegen den Zorn, ihn schnellstens durch einen Akt der Sanftmut wieder gutzumachen. Es heißt doch, dass frische Wunden am raschesten heilen.

Lege dir einen *Vorrat an Ruhe und Sanftmut* an in der Zeit, da du ruhig bist und keinen Anlass zum Zorn hast, indem du alles, Großes und Kleines, so ruhig und sanft wie möglich sagst und tust.“

Im Anschluss an dieses Kapitel betont der psychologisch sensible Seelsorger im nächsten, wie wichtig zudem „die Sanftmut gegen sich selbst“ ist.[54]

Schwermut

IL: Sie ist nicht weit von der Depression entfernt und dennoch deutlich von ihr zu unterscheiden: die Schwermut. Melancholie (= „Schwarzgalligkeit“) ist der Begriff, der meist für Schwermut verwendet wird. Sigmund Freud hat Trauer und Melancholie miteinander verglichen und „tiefe seelische Verstimmung, mangelndes Interesse an der Außenwelt, Verlust der Liebesfähigkeit [sowie] Leistungshemmung“ als Gemeinsamkeiten von beiden ausgemacht. „Bei der Melancholie allerdings komme noch die Herabsetzung des Selbstgefühls hinzu. Anders ausgedrückt: Bei der Trauer ist es die Welt, die ärmer geworden ist, bei der Melancholie ist es der Mensch selbst, der sich leer, wertlos und nicht liebenswert fühlt."[55] Schwermut ist im Unterschied zur Depression keine Erkrankung, sondern eine Gemütslage. Und ich finde es wieder sehr hilfreich, diese zunächst einmal zu verstehen und zuzulassen, wenn sie sich einstellt. Wir sind Menschen und keine Maschinen. Und jedem Adam-Erdling, der wir als Menschen sind, ist eine gewisse Erdenschwere eingeschrieben.

Schwermütige Menschen können eine gewisse Faszination ausüben. Vielleicht liegt es an dem Zug zum Tiefen, den sie verkörpern. Rilke schreibt dem jungen Dichter im Brief vom 12. August 1904: „Wir müssen unser Dasein so weit, als es irgend geht, annehmen; alles, auch das Unerhörte, muss darin möglich sein. Das ist im Grunde der einzige Mut, den man von uns verlangt: mutig zu sein zu dem Seltsamsten, Wunderlichsten und Unaufklärbarsten, das uns begegnen kann."[56] Dieser Mut, das verdeutlicht der Kontext, ist der Mut zur Traurigkeit, zur Einsamkeit und eben auch zur Schwermut.

GF: „Vom Sinn der Schwermut" handelt eine beeindruckende und viel zitierte Untersuchung des Religionsphilosophen Romano Guardini (1862–1957). Den schweren Mut, die Gemütsschwere, die Last des Menschen begreift er als existenzielle Not. Das Wesen der Schwermut schildert er als Sehnsucht nach Liebe in all ihren Formen und Stufen, als Verlangen nach dem Absoluten. Für ihn kann die eigentliche Lösung für Schwermütige nur aus dem Glauben kommen, denn da werden letzte Fragen berührt: „Das Ewige" taucht auf.

Je nachdem, wie der Mensch damit umgeht, gibt es eine „gute Schwermut", aus der Schöpferisches hervorgeht, oder eben eine ungute, die niederdrückt und verschlingt. „Der schwermütige Mensch blickt in die Tiefe, er sucht, was ‚dahinter' ist. Und darin liegt, bei allem Leiden, eine Chance, ein Auftrag, ein großer Wert."[57]

Stellt man die Schwermut in einen größeren Zusammenhang, wird man zurückgehen müssen bis zu den Wüstenvätern und -müttern, diesen genialen Seelen- und Menschenkenner*innen.

In unserer Zeit haben „Spiritualität" und (Erwerbs-) Arbeit praktisch nichts mehr miteinander zu tun. Seitdem dieser Auseinanderfall im Gange ist, tauchen Melancholie und Schwermut als Schattenschwestern des modernen Leistungsmenschen auf. Neue Namen für die alte Mönchskrankheit *acedia*, von der unter Missmut bereits die Rede war, sind Stress, Frust, Burnout etc.

Typisch ist z. B. eine Stimme aus dem Mittelalter: „Die Traurigkeit führt zur Bitterkeit und der Stress zur Oberflächlichkeit. Durch Traurigkeit wird der süße Geschmack des Geistes versalzen, durch Stress geht die Ruhe verloren. Traurigkeit entsteht, wenn man sich mit dem, was man nicht gut kann, ungeduldig abquält; in Stress gerät man, wenn man das, was man gut kann, über alle Maßen betreibt. Damit also der Geist (= der Mensch) nicht bitter wird, trage man geduldig sein Unvermögen, und damit man nicht in Stress gerate, mache man nicht maßlosen Gebrauch von seinen Fähigkeiten."[58] Und dann taucht neu die Herausforderung auf, sich und andere zu ertragen und zu begrüßen. Oder frommer gesagt: sich und andere gerade so als von Gott gewollt und erwünscht zu betrachten, ohne zu richten.

Todesmut

IL: „In einer Stadt führte ein Seiltänzer in schwindeln-
der Höhe seine Kunststücke vor. Zum Schluss die
Hauptattraktion: Er schiebt eine Schubkarre über das
schwankende Seil. Als er sicher auf der anderen Seite
angekommen ist, fragt er die Zuschauer, ob sie es ihm
zutrauen, die Karre auch wieder zurückzuschieben. Die
Menge klatscht begeistert Beifall. Er fragt aber noch ein
zweites Mal, und wieder erhält er zustimmenden Beifall.
Dann fragt er einen einzelnen, der unten am Mast steht:
‚Sie, trauen Sie es mir auch zu, dass ich die Karre wieder
zurückschiebe?‘ ‚Aber sicher!‘, ruft der zurück und
klatscht. ‚Dann‘, sagt der Akrobat, ‚dann kommen Sie
doch herauf und steigen Sie ein, dann schiebe ich Sie
hinüber!‘ – Nein, so hatte er es nicht gemeint, er wollte
doch lieber Zuschauer bleiben.“[59]

Diese Geschichte fällt mir zum Stichwort todesmutig
ein. Und in gewisser Weise analog dazu jene von Jesu
Gang auf dem See und Petrus, der es ihm nachtun
möchte und dann zu versinken droht in seiner Angst
(vgl. Mt 14,22–33). Wenn unser Leben nach Heidegger
ein „Sein zum Tode“ ist, dann braucht es in gewisser
Weise auch Todesmut, um mit den Risiken und Gefahren leben zu lernen, denen das Leben immer ausgesetzt
ist. Die große Kunst besteht darin – das lehren diese Geschichten –, die Perspektive des Zuschauers oder der
Zuschauerin aufzugeben und sich wirklich einzulassen,
durch alle Angst hindurch.

GF: Wieder kommen mir auch die Widerstandskämp-
fer*innen und Märtyrer*innen in den Sinn, die ihr Le-

ben riskieren für ihre Überzeugungen von Gerechtigkeit, Frieden und Schöpfungserhaltung. Doch das Wort ist missverständlich. Denn diese Menschen suchen nicht den Tod, ihre Motivation hat nichts Destruktives. Vielmehr ist zu betonen, dass sie sich im Namen des Lebens und aus Liebe zum Leben engagieren und dabei im Extremfall den eigenen Tod in Kauf nehmen.

In einem weiteren oder weniger wörtlichen Sinn sind allerdings alle Gläubigen todesmutig. Lebensmut und Todesmut geben sich Resonanz, und beide haben mit Risiko und Abenteuer zu tun. Leben heißt Sterben von Geburt an, entsprechend hat religiöses Glauben immer auch mit Gebären und Sterben zu tun, mit einem Sich-Loslassen ins Dunkle hinein. Nicht zufällig steht am Anfang der christlichen Bewegung ein Märtyrer. Die Nachfolge Jesu schenkt diesen Mut zur Lebenshingabe im Großen und Kleinen. „Ein bisschen Sterben" gehört alltäglich dazu, wir werden uns genommen und eingeladen uns hinzugeben. In der Mystik spricht man vom „mystischen Tod". Es gibt die vielen kleinen Tode auf dem Weg zum großen, die Abschiede, die Niederlagen, die Schicksalsschläge, die Widrigkeiten. Ob sie uns reifen lassen und einen Zuwachs an Freiheit bringen, an mutigem Einverständnis dem endlichen Leben gegenüber? Wohl nur, wenn immer schon und erst recht am Ende das Lachen im Spiel ist, das Osterlachen, das triumphierend fragt: „Tod, wo ist dein Sieg? Tod, wo ist dein Stachel?" (1 Kor 15,55). Aber noch gilt die realistische Diagnose von Paulus: „Allezeit tragen wir das Hinsterben Jesu am Leib umher, damit auch das Aufleben Jesu an unserem Leib aufscheine" (2 Kor 4,10 Fridolin Stier). Oder schlicht: Wirkliche Liebe ist nichts für Feiglinge.

Übermut

IL: Ein Gemälde von Paul Klee trägt den Titel „Übermut".[60] Es bringt die ganze Ambivalenz des Themas zum Ausdruck. Heiter, spielerisch, um Balance ringend füllt ein Seiltänzer fast das gesamte Bild aus. Zugleich zeigt sich ein Ausrufezeichen. 1939 ist das Bild entstanden, als wolle es angesichts des Überfalls der deutschen Wehrmacht auf Polen vor einem „übermütigen" Krieg warnen. Übermut tut selten gut. So lautet das Sprichwort. Doch ähnlich wie beim Hochmut gibt es da auch eine Seite, die viel mit Vitalität zu tun hat. Ausgelassene Freude verbinde ich damit.

GF: Ja, übermütig über die Stränge zu schlagen und seine Grenzen zu erproben, ist das eine. Sein Konto zu überziehen, über den eigenen Mut und über die eigenen Verhältnisse zu leben, das andere. „Alles Übermaß ist von den Dämonen", meinte schon der Wüstenvater Poimen.[61] Wie viel Elend resultiert aus der Maßlosigkeit im Umgang mit sich selbst und anderen.

Eigentlich müsste es als Gegen-Wort „untermütig" geben. Denn neben dem Übermäßigen kennen wir das Unterschätzte, und beides bisweilen im Extrem. Auch und gerade im spirituellen Leben kommt es auf die Balance an. „Ich gehe nicht um mit großen Dingen, mit Dingen, die mir nicht begreiflich sind" (Ps 131,1). Neben der Gefahr, sich zu überheben, gibt es ihr Gegenteil. Meister Eckhart rät: „Wo du dich findest, da lass ab von dir"[62], d.h. verlass dich auf Gott. Wer derart im Gottvertrauen wachsen darf, kommt ins Lot; sie bzw. er braucht weder übermütig noch untermütig zu sein. Alles zielt auf weiteres Wachstum. „Wir wären unendlich überrascht, was Gott aus uns machen würde, wenn wir uns ihm nur ganz überließen", so lautet ein goldenes Wort der Glaubenserfahrung, dessen Herkunft zwischen Ignatius und Pascal wandert.[63]

Unmut

IL: In Unmutsäußerungen wird oft die eigene Unzufriedenheit auf wen oder was auch immer projiziert. Eine missmutige Stimmung ist dem verwandt. Doch vom Wort her meint Unmut im Grunde die Verneinung von Mut. In diesem radikalen Sinn gebraucht es Thomas Merton (1915–1968). Seine Betrachtung verblüfft und fasziniert mich:

„Der schwierigste und notwendigste aller Verzichte ist: allen Unmut bleiben zu lassen. Das ist fast unmöglich, denn ohne Unmut würde das moderne Leben vermutlich aufhören, überhaupt ein menschliches Leben zu sein. Der Unmut befähigt uns dazu, die Absurdität des Daseins in einer modernen Stadt zu überleben. Er ist mitten in der Verwirrung der letzte Befestigungsgrund der Freiheit. Der Verwirrung ist nicht zu entkommen, aber wir können uns zumindest weigern, sie zu akzeptieren, können zu ihr „Nein" sagen. Wir können in einem Zustand stummen Protests leben.

Aber auch wenn der Unmut ein Hilfsmittel ist, das dem Menschen das Überleben ermöglicht, muss er ihn trotzdem nicht unbedingt dazu befähigen, gesund zu überleben. Er stellt keine echte Ausübung der Freiheit dar. Er ist kein genuiner Ausdruck persönlicher Integri tät. Er ist der stumme, animalische Protest eines miss-handelten psychophysischen Organismus. Treibt man ihn zu weit, so wird er zur Geisteskrankheit; auch das ist dann eine „Anpassung" ganz eigener Art. Aber es ist eine Anpassung in Form von Flucht.

Das Problem ist, wie man es lernen kann, dem Un-mut zu entsagen, ohne sich an die Vertreter jener Kreise zu verkaufen, die jeden so weit bringen wollen, dass er hochgemuten Sinnes und in williger Komplizenschaft die Absurdität und moralische Anarchie akzeptiert. […]

Falls ein Mensch dem Unmut entsagen will, muss er dem Schattenselbst entsagen, das sich von der Verwir-rung bedroht fühlt, ohne die es jedoch nicht bestehen kann. Das ist das Problem: Man muss in vollständiger knechtischer Abhängigkeit von einem System, einer Or-ganisation, einer Gesellschaft oder einer Person leben, die man verachtet oder hasst; muss in einer solchen Ab-hängigkeit leben und sieht sich dennoch von seiner An-hänglichkeit an das, was man für die eigene „Identität" hält, gezwungen, zum Schein das zu billigen und zu ak-zeptieren, was man hasst. […]

In diesem Fall mag uns der Unmut helfen können, uns unsere Lage erträglich zu machen, aber er kann uns nie gesund machen. Er ist nur eine Rechtfertigung, ein Vorwand, dass wir gern frei wären, wenn wir nur könn-ten. Aber was wäre, wenn wir entdecken würden, dass wir tatsächlich bereits frei sind?

Es ist nicht jemand anderer, der uns davon abhält, glücklich zu leben; wir selbst wissen nicht, was wir wol-len. Statt das zuzugeben, tun wir so, als halte uns je-mand anderer davon ab, unsere Freiheit auszuüben. Wer ist das? Das sind wir selbst.

Aber solange wir vorgeben, wir lebten in reiner Autonomie, als unser eigener Herr, sogar ohne einen Gott, der uns dreinredet, werden wir unvermeidlich als Knechte eines anderen Menschen oder als entfremdete Mitglieder einer Organisation leben. Paradoxerweise ist es das Akzeptieren Gottes, was uns frei macht und uns von der Tyrannei durch Menschen erlöst, denn wenn wir ihm dienen, ist es uns nicht länger gestattet, unseren Geist in der Knechtschaft anderer Menschen zu entfremden."[64]

GF: An diesen Äußerungen wird deutlich, wie eng auch Mut und Geist zusammenhängen. Unmut entsteht dadurch, dass wir nicht Geist, Sinn, Herz, Seele und Mut hingeben in die göttliche Wirklichkeit hinein, sondern dass wir etwas zurückhalten, das unsere vermeintliche Identität aufrechterhält. Und weil uns das immer auch versklavt und entfremdet, deshalb der Unmut. Er ist also wirklich das Gegenteil von Mut.

Vermutung

IL: In der Familie der „Mut-Wörter" gibt es interessanterweise einen Begriff, der im Alltag zentral ist und darüber hinaus in den Bereich der Erkenntnistheorie verweist: vermuten oder mutmaßen.

Wir leben in einer sogenannten Wissensgesellschaft. „Erzeugung, Nutzung und Organisation von individuellem und kollektivem Wissen wird immer mehr zur Quelle gesellschaftlicher Produktivität. Es bleibt jedoch der Tatbestand, dass qualifiziertes Wissen in einem differenzierten Sinn einer Minderheit von Spezialisten vorbehalten ist. […] Die Mehrheit der Menschen in hochentwickelten Gesellschaften muss mit dem größten Teil dessen, was wir unsere Alltagsrealität nennen, im Modus des Meinens, Annehmens, Vermutens oder Fürwahr-Haltens leben und umgehen. […] Es geht um ein Vermuten, das aber gleichzeitig tief von Vertrauen durchzogen ist: Wir müssen in all dem, was wir nicht wissen, darauf vertrauen, zum einen, dass andere uns vertrauenswürdig informieren, und zum anderen, dass auch ohne unsere Kontrollmöglichkeit die grundlegenden Vollzüge der modernen Gesellschaft so funktionieren, dass Menschen damit gut leben können und keinen Schaden nehmen.“[65]

Krisenzeiten werden für dieses auf Vermutungen gründende Alltagsleben oft zur massiven Herausforderung. In der Corona-Pandemie hat sich das deutlich gezeigt. Das Nicht-Wissen auch in den Wissenschaften war und ist für viele Menschen oft nur schwer auszuhalten.

Der Pastoralpsychologe Michael Klessmann fragt im Anschluss an diesen Befund, ob ein solches Vermuten bzw. „ein von Ambivalenz durchzogenes Vertrauen“ nicht auch in Glaubens- und Sinnfragen ausreichend sei. Da gibt es die Sehnsucht nach Gewissheit und Eindeutigkeit, doch das Leben und auch das Gottesgeheimnis seien zu widersprüchlich für eine solche Haltung. Deshalb endet seine Untersuchung mit einem „Lob“, ja einer „Mystik‘ der Ambivalenz“.

GF: Ich tue mich im Zusammenhang der Letztfragen schwer mit dem Begriff der Ambivalenz: Wie unterscheidet sich christlicher Glaube dann noch von einer agnostischen Haltung, die die Letztfragen entschieden unbeantwortet lässt? Gehört zum Glauben nicht doch das Bestimmte, das „Assertorische" und damit das Eindeutige? Im Sinne von Michel de Certeaus berühmtem Satz: „Mystiker ist, wer nicht aufhören kann zu wandern und wer in der Gewissheit dessen, was ihm fehlt, von jedem Ort und von jedem Objekt weiß: *Das ist es nicht.*"[66] Ganz im Sinne von Klessmann gilt das Gesetz der Ambi-Valenz, der Mehr- und Vieldeutigkeit im Raum des Vorletzten; aber Glaubens- und Gottesentscheidungen haben etwas Unbedingtes – ihrem Inhalt und Grund entsprechend. Im Unterschied zur Sehnsucht hat eben Hoffnung, jedenfalls christlich buchstabiert, einen tragfähigen Grund – nämlich eine Zusage und Verheißung, auf die sich zu verlassen das Geschenk des Glaubens ausmacht. Aber natürlich gibt es dieses Letzte bisher nur im Vorletzten.

IL: Klessmann würde Certeau vermutlich nicht widersprechen. Der Unterschied zum Agnostizismus besteht darin, dass der oder die Glaubende sich mutig mit Haut und Haar einlässt auf die Widersprüchlichkeit. Da geht es nicht nur um ein Erkennen, sondern das Innere ist beteiligt. Deshalb auch das Wort Vermutung.

An der Wende zur Neuzeit hat der Jurist und Theologe Nikolaus von Kues (1401–1464) vom „konjekturalen Charakter der Erkenntnis" gesprochen, also von Einsicht durch mutmaßende Annäherung.[67] Er hatte am Konzil in Basel teilgenommen und fragte, wie Kompromisse und Verständigung möglich werden. Bereits vor seinem Werk „Über die Mutmaßungen" hatte er über die „docta ignorantia" geschrieben, die gelehrte Unwissenheit: „Ich weiß, dass ich nichts weiß." Begreifen geschieht demnach über Vermutungen bzw. Mutmaßungen, mit denen sich der Mensch Schritt für Schritt der Wirklichkeit annähert.

GF: „Was kann ich wissen?" Und wie überhaupt erkennen? Das ist im Alltag wichtig, das treibt die Wissenschaft(en) um, in der Erforschung des Größten und Kleinsten erst recht. Denken wir nur an den Atom- und Nanobereich und die Un-Tiefen der menschlichen Seele. Alle unsere Erkenntnisse sind letztlich vorläufig und nie die Wahrheit selbst. Sie sind Vermutungen oder auch Mutmaßungen, also begründete Annäherungen an den jeweiligen Sachverhalt. „Auch die Wissenschaft spricht nur in Gleichnissen."[68] Der Physiker Hans-Peter Dürr bringt damit zum Ausdruck, dass auch naturwissenschaftliche Erkenntnisse „relativ" sind, Vermutungen, die immer wieder infrage gestellt und durch andere Vermutungen überholt werden können. Die ganze Logik von Forschung und Wissenschaft ist von Experimenten bestimmt. Es gilt Hypothesen zu überprüfen und sich mit „trial and error" der Sache anzunähern. Alles ist Wahrscheinlichkeitsrechnung.

Solche Überlegungen sind besonders wichtig, wo es um Letztfragen des Lebens geht und um das Geheimnis, das wir Gott nennen: das, der oder die Unbegreifliche in allen Dingen. Letztlich kann die Wirklichkeit nicht in Begriffe gefasst werden; sie bleibt immer er-greifend. „Durch Nichteinsehen einsehen", so paradox konnte das Nikolaus von Kues auf den Punkt bringen.[69] Das ist ja die Pointe des Christlichen: „Der Unbegreifliche wollte sich begreiflich machen"[70] – und zwar in dem Menschen aus Nazareth. Nicht zu fassen!

IL: Mir scheint es sehr wichtig, das eigene Nichtwissen zu akzeptieren, die eigenen Auffassungen und Vorstellungen immer wieder durchzustreichen, die Bruchstückhaftigkeit allen Erkennens (vgl. 1 Kor 13,12) auszuhalten. Das wehrt jedem Fundamentalismus. Und es dürfte auch eine Grundbedingung des interreligiösen Dialogs sein. Klaus von Stosch z. B. spricht von doktrinaler oder epistemischer Demut.[71] Wie viele andere betont er, dass Gott nie vollständig durch den Menschen erkannt und erfasst werden kann. Die eigene Glaubenslehre steht zudem immer unter einem eschatologischen Vorbehalt und ist durch Vorläufigkeit gekennzeichnet. Das hängt mit der Bedingtheit menschlichen Verstehens zusammen. Damit einher geht gerade nicht der Verzicht auf einen eigenen Standpunkt, denn Glauben hat trotz aller Zweifel und in ihnen mit Wahrheit und Gewissheit zu tun. Die aber sind mit dem Bewusstsein der Vorläufigkeit und Veränderbarkeit eigener Positionen verbunden. Nur so ist wirklicher Dialog möglich.

Wagemut

GF: „Wer nicht wagt, der nicht gewinnt." Ersichtlich geht es bei diesem bekannten Sprichwort nicht nur um den Gewinn beim Spiel und im Geschäft. Wagen und Gewinnen haben mit gelingendem Leben zu tun, mit Intensität und Frucht des Daseins. Zwar hat Wagemut gerade in kapitalistischen Verhältnissen immer schon den

Beigeschmack von riskantem Einsatz und Rekordgewinn, aber das Interesse an Lebenszuwachs und -steigerung betrifft alle Bereiche. Nicht zufällig heißt es im biblischen Buch Kohelet (11,4): „Wer ständig nach dem Wind schaut, kommt nicht zum Säen, wer ständig die Wolken beobachtet, kommt nicht zum Ernten." Und auch nicht zufällig nimmt Jesus das Bild vom Säen und Ernten oft auf, im Bildwort vom „Weizenkorn" (Joh 12,24) z. B., und auch vom „Gewinnen und Verlieren" spricht er (Mk 8,35f). Offenkundig war er ein höchst wagemutiger Mensch. Er hat viel riskiert, ja sein eigenes Leben aufs Spiel gesetzt um der Liebe willen. Paulus, aufs Engste mit ihm verbunden, zieht die Konsequenz daraus: „Für mich ist Christus das Leben und Sterben Gewinn" (Phil 1,21).

IL: Wagen und wägen hängen etymologisch beide damit zusammen, etwas in die Waagschale zu legen. Beim Wägen geht es um die Bestimmung des Gewichts, beim Wagen darum, etwas aufs Geratewohl zu tun – mit ungewissem Ausgang. Vermutlich deshalb assoziiere ich mit Wagemut letztlich nichts Tollkühnes, sondern stelle mir vor, dass einer wagemutigen Handlung Erwägungen vorausgegangen sind.

Irgendwo habe ich einmal von der Empfehlung gehört, sich am Ende eines Tages die Frage zu stellen: Habe ich heute etwas riskiert? Was habe ich gewagt? Ein dynamisches Leben kommt ohne Wagemut nicht aus. Es führt nicht weiter, immer auf Nummer sicher gehen zu wollen. Das gilt für das „normale" Leben und auch für das ausdrücklich spirituelle. Lieben ist immer ein Wagnis, es bedeutet ja wortwörtlich: sich verlassen.

Eigentlich müsste besonders die Kirche eine Art „Risikogesellschaft" sein. Denn ihr Sinn und Auftrag ist es, den Wagemut jenes Gottes zu bezeugen, der aus der Gefangenschaft herausführt und zum Aufbruch aus „Ägypten" ermutigt, zum Ausbruch aus dem, was unterdrückt und faul ist. Auf jeder Seite lädt die Bibel dazu ein, sich radikal auf Gottes Liebe zu verlassen. Was ist riskanter und befreiender als das? Eine Kirche, die sich ängstlich absichert und zurückschaut, steht im Kontrast dazu und bedarf der Erneuerung, der Re- oder besser noch Transformation. Paradox könnte man sagen: Nichts ist sicherer als das Wagnis. Nichts ist sicherer, als sich auf Gottes Treue zu verlassen und daran zu messen, was von den überkommenen Besitzständen zu verabschieden ist. Karl Rahner nennt das den „Tutiorismus des Wagnisses". Vor die Wahl gestellt zwischen dem (alten) Gewohnten und dem (neuen) Erhofften, solle man immer das Riskantere wählen: „Der einzige heute im praktischen Leben der Kirche erlaubte Tutiorismus ist der Tutiorismus des Wagnisses. Wir dürfen heute eigentlich nicht bei der Lösung von echten Problemen fragen: Wie weit *muss* ich gehen, weil es einfach von der Situation erzwungen wird, wenigstens so weit zu gehen, sondern wir müssten fragen: Wie weit darf man unter Ausnützung aller theologischen und pastoralen Möglichkeiten gehen, weil die Lage des Reiches Gottes sicher so ist, dass wir das Äußerste wagen müssen."[72]

GF: Dieses Plädoyer für mutige und demütige Erneuerung ist gerade aktuell eine Herausforderung für die christlichen Kirchen und die Ökumene. Denn Neuheit ist eine zentrale theologische und spirituelle Perspektive. Schon in den Anfängen des Christlichen heißt es lapidar: „Gott ist Neuheit" (Irenäus von Lyon), immer für eine Überraschung gut.

Wandelmut

IL: Dieses Kunstwort hat mich angesprochen. Entdeckt habe ich es als Titel einer Veranstaltung über „Abschied und Neugewinn", die das Pastoralkolleg Neuendettelsau Ende März 2020 angeboten hat. Zwar sollte es da um Veränderungsprozesse in Kirche und Gesellschaft gehen, aber ersichtlich steht das Phänomen von Evolution und Geschichtlichkeit im Ganzen zur Debatte. Zum Lebenswandel braucht es Mut. Der Wandel und die Veränderung der Verhältnisse brauchen ihn nicht minder. Alles, was Welt ist, trägt Verfallsdatum und Verheißungsvermerk, unterliegt der Vergänglichkeit und der Veränderbarkeit. Die Bibel im Ganzen ist das Dokument einer tausendjährigen Lern- und Verlerngeschichte – und deren ständige Auslegung, Übersetzung und Verheutigung. Den Kräften der Beharrung, die um der vermeintlichen Wahrheit willen alles beim Alten lassen und historisches Gewordensein nicht wahrnehmen wollen, steht jener Wandelmut entgegen, den das bekannte Stichwort formuliert: „Nur wer sich ändert, bleibt sich treu." Wobei mich das Wort Wandel oder Transformation mehr anspricht, weil es auf einen organischen Vorgang verweist, bei Veränderung hingegen etwas Gewaltförmiges mitschwingt, im Sinne von: Da muss etwas anders werden – und dabei wird dann nicht unbedingt positiv am Bestehenden angeknüpft. Deshalb vielleicht besser: „Nur wer sich wandelt, bleibt sich treu." Oder noch besser: „Nur wer bereit ist, sich immer neu wandeln zu lassen ..." Im Spirituellen geht es dabei stets um die Treue zu dem Weg-Gott, der gesagt hat und sagt: „Ich werde sein, der ich sein werde" (Ex 3,14). Der/die Gegenwärtige ist der/die Kommende.

GF: In der geistlichen Tradition ist das oft unter dem Stichwort Glaubenswachstum und spirituelle Reifung beschrieben worden: „non progredi regredi est", schreibt Bernhard von Clairvaux: „nicht vorangehen heißt zurückfallen". Und Meister Eckhart mahnt: „Es gibt für uns kein Stehenbleiben." Auch Teresa von Avila unterstreicht in ihrer Lebenssumme: „Ihr wisst bereits, dass abnimmt, wer nicht zunimmt. Ich halte es jedenfalls für unmöglich, dass die Liebe, wo es sie denn gibt, sich damit begnügt, auf der Stelle zu treten."[73] Vielfältig ist das Wissen um jene unendliche Geschichte der verheißenen Vollendung, auf die hin der Mensch faktisch immer ein Pilger ist. „Jetzt sind wir Kinder Gottes. Noch aber ist nicht zum Vorschein gekommen, was wir sein werden" (1 Joh 3,2 Fridolin Stier). Martin Luther scheint direkt daran anzuknüpfen, wenn er schreibt: „Das christliche Leben ist nicht Frommsein, sondern ein Frommwerden, nicht Gesundsein, sondern ein Gesundwerden, nicht Sein, sondern ein Werden, nicht Ruhe, sondern eine Übung. Wir sind's noch nicht, wir werden es aber. Es ist noch nicht getan und geschehen, es ist aber im Gang und Schwange. Es ist nicht das Ende, es ist aber der Weg. Es glühet und glänzt noch nicht alles, es bessert sich aber alles."[74]

Nicht minder gilt diese messianische Wandlungs-dynamik auch für die Kirche(n) und die Menschheit im Ganzen. Berühmt ist dafür der Grundsatz von John Henry Newman, der – im Jahre seiner Konversion 1845 – die Kirche als Lehrgemeinschaft im Auge hatte: „In einer höheren Welt mag es anders sein, aber hier unten heißt Leben sich wandeln, und vollkommen zu sein, sich oft gewandelt zu haben."[75]

Wankelmut

IL: „Zwei Seelen wohnen, ach! in meiner Brust, / Die eine will sich von der andern trennen; / Die eine hält, in derber Liebeslust, / Sich an die Welt mit klammernden Organen; / Die andere hebt gewaltsam sich vom Dust [= Staub]/ Zu den Gefilden hoher Ahnen."[76] Wer kennt die Zerrissenheit des Doktor Faustus nicht von sich selbst? Innerlich hin- und hergerissen zu sein erleben die meisten von uns schon bei mehr oder weniger alltäglichen Alternativen: Wein oder Wasser, Auto oder Fahrrad, lesen oder fernsehen, spielen oder arbeiten, Schwarzbrot oder Kirschtorte? Bisweilen geht es, weniger oberflächlich, um grundlegende Entscheidungen. Dilemma-Situationen fordern uns heraus. Ganz krass wird es beispielsweise am Bett von Schwerkranken: Soll dieser Eingriff noch erfolgen oder sind palliativmedizinische Maßnahmen vorzuziehen? Unentschlossenheit kann für die betroffene Person selbst und deren Mitwelt zur Herausforderung werden. Der Umgang mit Wankelmut und Wankelmütigen ist nicht einfach. Und doch geht es wie immer zunächst einmal darum, die dahinter verborgenen Befürchtungen oder gar Ängste zu sehen und zu verstehen. Im Jakobusbrief wird die Gemeinde ermahnt: „So seid nun Gott untertan. Widersteht dem Teufel, so flieht er von euch. Naht euch zu Gott, so naht er sich zu euch. Reinigt die Hände, ihr Sünder, und heiligt eure Herzen, ihr Wankelmütigen" (Jak 4,6b–8). Das könnte ein hilfreiches Rezept sein gegen den Wankelmut: der Blick aufs eigene Herz sowie die Reinigung und Heiligung desselben. Sodass dann doch vielleicht aus den zwei oder gar noch mehr Seelen eine einzige wird.

GF: Ich will das Wort noch einmal gegen den Strich bürsten: Es braucht ja wirklich Mut, diesem Wackeln und Wanken Raum zu geben. Sich zu früh festzulegen und zu schnell Entscheidungen zu treffen, ist bekanntlich genauso problematisch wie das ewige Aufschieben, Zögern und Hinhalten. Wenn jemand sich nicht schlüssig werden kann, tut er oder sie gut daran, sich Zeit zu nehmen und nach den Gründen zu fragen. Wo liegen die Widerstände vor der Festlegung, warum die Angst vor der Bindung, weswegen jetzt das Zögern? Je folgenreicher die fällige Entscheidung, desto wichtiger das Abwägen – und dazu der Mut, Plus und Minus ernst zu nehmen und in den Dschungel vorhandener Bedenken offensiv hinein- und durch das Dickicht bestehender Ambi-Valenzen hindurchzugehen, vielleicht auch mit kompetenter Begleitung oder Beratung. Erst dann will und kann gewagt werden, was dran ist!

Klar, ewiges Aufschieben wäre fatal, und Wackelkandidat*innen sind wenig verlässlich. Wer immer nach der Taube auf dem Dach schaut, wird den Spatz in der Hand nicht wertschätzen können. Wer sich alle Türen oder wenigstens immer ein Hintertürchen offen halten will, kommt in Wahrheit nicht weiter. Entscheidungen sind immer gewagt und brauchen Mut, denn sie stellen einen Scheck auf die Zukunft aus; und ob der gedeckt ist, muss sich erst noch zeigen.

Aber irgendwann und immer wieder kommt es zum Schwur. Sich nicht entscheiden, ist auch eine Entscheidung! Also besteht authentische Spiritualität wesentlich in der Kunst der Unterscheidung und d. h. eben auch der Entscheidung. Nicht zufällig mündet das Lebensgesetz der hebräischen Bibel in einer Ermutigung zur Wahl: „Den Himmel und die Erde rufe ich heute als Zeugen gegen euch an. Leben und Tod lege ich dir vor, Segen und Fluch. Wähle also das Leben!" (Dtn 30,19). Wer diese Wahl trifft bzw. sich als erwählt glauben lernt, hat festen Grund unter den Füßen. „Er sagt in seinem Herzen: Ich werde niemals wanken" (Ps 10,6). Besonders die biblischen Psalmen sind ein vielstimmiges Zeugnis für diese Zuversicht, schöpferisch mit Wankelmut umzugehen und in Gott ein unerschütterliches Fundament des Vertrauens zu finden. Für Christenmenschen sind natürlich Gestalt und Weg Jesu zentral, um nicht wankelmütig zu werden oder zu bleiben. „Darum macht die erschlafften Hände und die wankenden Knie wieder stark" (Hebr 12,12; nach Jes 35,3).

IL: Gerne unterstreiche ich, dass es wichtig ist, sich für Entscheidungen Zeit zu lassen und diese gründlich abzuwägen. Als Unterstützung für die Entscheidungsfindung fällt mir eine gut praktikable Hilfestellung ein. Dazu braucht es zwei Stühle, in einem gewissen Abstand nebeneinandergestellt. Diese stehen für die Alternativen, um die es geht. Der oder die Wankelmütige setzt sich zunächst auf den einen Stuhl und bedenkt und erspürt auf diesem alles, was für diese Entscheidung sprechen könnte. Dafür gilt es, sich so viel Zeit zu nehmen wie nötig und vor allem auch dem Nachklingen Zeit zu lassen. Was kommt alles in den Sinn? Was spüre ich? Wie fühlt es sich an? Dann sich von diesem Stuhl verabschieden, ein paar Schritte gehen, bewusst ein- und ausatmen, auf dem anderen Stuhl Platz nehmen und den Aspekten für diese Alternative ebenso Zeit geben. Manchmal zeigt sich nach einem solchen Experiment klarer, welcher Weg zu wählen ist. Eine Liste mit dem Für und Wider zu erstellen kann auch hilfreich sein. In einem geistlichen Leben geht es ja vor allem darum, genau hinzuhören, um herauszufinden, was zu tun und zu lassen ist. Solche Methoden sind Hörhilfen.

Wehmut

IL: Scheiden tut weh. Fernweh oder Heimweh kommen evtl. vor allem daher, dass wir, wie es Heinrich Böll einmal formulierte, „eigentlich alle wissen, auch wenn wir es nicht zugeben, dass wir hier auf der Erde nicht zuhause sind, nicht ganz zuhause sind"[77]. Und es gibt die Wehen, Geburtswehen. Das sind drei erste Assoziationen zum Stichwort „Wehmut". Ein sanfter stiller ziehender Schmerz, der sich aber auch steigern kann bis hin zu Wehklage und Wehgeschrei.

Wehmut beschleicht bisweilen im Blick zurück. Es ist dann die Trauer über Verlorenes oder Vergangenes.

Jesus, der über Jerusalem weint, fällt mir da z. B. ein (vgl. Lk 19,41ff). Wehmut ist nicht zu verwechseln mit Wehleidigkeit. Doch es braucht tatsächlich Mut, zum Beispiel um zu weinen, zu klagen und Trauer auszudrücken. In einem wunderbar dichten Gebet bittet Dorothee Sölle um „die Gabe der Tränen"[78]. Wehmut ist demnach ein Geschenk, eine Fähigkeit zu trauern, zu weinen und Schmerz auszuhalten. Depressive, die oft nicht weinen können, und seelisch Verwundete, die ihren Schmerz nur noch mit Drogen betäuben können, wären vermutlich dankbar für die Gabe der Wehmut.

Schmerzen sind nicht gut. Schmerzen suchen ist krank. Schmerzen, obwohl möglich, nicht zu lindern, wäre unmenschlich. Gleichwohl gibt es kein Leben ohne Schmerzen. Und mit manchen müssen wir leben lernen. Besonders beeindruckend finde ich die Idee, dass Wehmut, wiederum gegen den Strich gebürstet, auch bedeuten kann, den Mut zu haben, sich auf Wehen einzulassen.

GF: In seinem Testament schreibt Paulus, dass die ganze Welt schwanger sei und in Geburtswehen liege (Röm 8,22). Noch sei im Gange und Schwange, was überall endlich ans Licht will: die Freiheit und Herrlichkeit der Söhne und Töchter Gottes. Ein wunderbares Bild für die gegenwärtige Realität. Dass schmerzhaft zur Welt kommen will und soll, was noch nicht heraus ist, betrifft vor allem den Messias, den Garanten göttlicher Gerechtigkeit für alle. Noch bis ins Warschauer Getto und in die Konzentrationslager ist diese jüdische Hoffnung lebendig – und für viele ein Trost: Die jetzigen Leiden sind die Geburtswehen des Kommenden.

Die Welt, wie sie jetzt ist, ist eben nicht die wahre, nicht mehr und noch nicht. Der damit verbundene Welt- und Geburtsschmerz steht also im Zusammenhang einer größeren Hoffnung (vgl. auch Joh 16,20–22). Diese messianisch-adventliche Perspektive bringt in die Deutung von Welt und Geschichte einen offensiven, hoffnungsstarken Zug – im Kontrast zum bloß romantischen und leicht sentimentalen Verständnis von Wehmut.

Kein Wunder, dass die Erfahrung von den Geburtswehen auch in der Mystik eine große Rolle spielt. Womit gehen wir schwanger? Zwar hebt Meister Eckhart, der große Theologe der Gottesgeburt, kaum auf den Wehenaspekt des Gott-Gebärens ab, aber in der Frauenmystik ist er vielfarbig präsent. Nicht nur in der individuellen „Wiedergeburt" braucht es diesen Mut zu den Wehen, sondern auch im Blick auf die ständige Erneuerung von Kirche. An einen Arbeiterpriester schreibt z. B. Madeleine Delbrêl: „Wenn der missionarische Auftrag nicht unter Schmerzen aus Euch geboren wird, bleibt er vielleicht in der Arbeiterklasse, aber wie eine tote Leibesfrucht, die eine Frau in ihrem Schoß trägt. Es scheint mir, dass die Kirche immer schon auf diese Weise geboren wurde."[79]

Wermut

IL: Ernährungswissenschaftler*innen schlagen Alarm: Zahlreiche Erkrankungen gehen auf eine ungesunde und unausgewogene Ernährung zurück. Wir essen zu süß, zu salzig, zu fett und manchmal darüber hinaus auch zu sauer und zu viel. Was vor allem fehlt und bisweilen systematisch aus den Einkaufsläden und Küchen verbannt wurde, weil der Geschmack befremdet oder gar abschreckt, sind Bitterstoffe. Der gelb blühende Korbblütler Wermut etwa liefert solche. Die Herkunft des Wortes ist nicht geklärt. Und freilich soll es hier jetzt nicht um die Heilpflanze, ihre Verwendungsmöglichkeiten und Wirkungen gehen. Der bittere Geschmack des Wermuts inspiriert vielmehr zu einem allgemeinen Nachdenken über das Bittere und die Bitterkeit.

Vielleicht, auch das ist nicht sicher, bedeutet der Name Miriam bzw. Maria Bitterkeit. Ein Blick auf die Mutter Jesu veranschaulicht, wie oft Namen das Wesen eines Menschen ausdrücken. Die unterm Kreuz Klagende, die den toten Sohn im Schoß Tragende, aber auch die schon zuvor durch das rebellische Leben des Sohnes Provozierte: Maria hätte allen Grund gehabt, bitter zu werden oder gar zu verzweifeln. Es sind ja wahrlich nicht nur ein paar Wermutstropfen, die in das „Wasser ihres Lebens" gefallen sind. Doch sie ist zu einem Glaubensvorbild geworden. Welche Lebenskunst! Sie besteht darin, die rechte Balance zu finden – vielleicht hin zu einem „zartbitter", der Mischung aus bitter und süß.

GF: „Da wurde mir das Bittere süß", so erinnert sich Franz von Assisi noch in seinem Testament: Als es ihm möglich wurde, ganz im Sinne Jesu einen Aussätzigen zu umarmen und als seinesgleichen zu begreifen, da verwandelte sich das, was er bisher scheute wie die Pest, zu jener innigen Nähe, die offenkundig zur Lebensart Gottes selbst gehört. Das war die Wende für ihn, und ähnlich für viele andere, wie in unseren Tagen für Ruth Pfau. Authentische Spiritualität halbiert die

Wirklichkeit nicht und nimmt auch die Bitterstoffe des Alltäglichen als Einladung zu Wandlung und Wachstum. Wenn derzeit schon Medizin und Gesundheitspflege dringend davor warnen, zu viel Süßes zu essen, dann gilt das für die spirituelle Gesundung erst recht. Reifende Spiritualität lehrt, auf die Rosinenpickerei zu verzichten und die ganze Wirklichkeit wahrzunehmen. Genau dort, wo es schwer und bitter wird, schlummern Chancen zu mehr Wachstum! Die verpasst, wem eine Wohlfühl-Spiritualität genug wäre. Erwachsenwerden braucht Mut, und Medizin kann bitter sein. Vielleicht ist es eine besondere Stärke christlicher Hoffnung, auf der Spur Jesu auch in die Passionsgeschichten des Daseins hinein- und durch sie hindurchzugehen. Hier mag Bonhoeffer mit einer Strophe aus seinem berühmten Gedicht zum Jahreswechsel 1944/45 „Von guten Mächten" Pate stehen: „Und reichst Du uns den schweren Kelch, den bittern / des Leids, gefüllt bis an den höchsten Rand, / so nehmen wir ihn dankbar ohne Zittern / aus Deiner guten und geliebten Hand." Diese Strophe ist nicht unproblematisch, weil sie überfordernd und die Angst verdrängend wirkt, die selbst Jesus im Garten Gethsemane hatte. Doch vielleicht war Bonhoeffer durch diese Angst schon hindurchgegangen. Jedenfalls hat er fünf Jahre zuvor geschrieben: „Sollte aber Gott einem der Seinen wirklich den Kelch des Leidens um Christi willen bis zum bitteren Ende in Kreuz und Tod zu trinken geben [...], so hat er gewiss ihr Herz vorher so bereitet, dass gerade sie es sind, die es mit starkem Glauben in ganz neuer und vollmächtiger Weise bezeugen."[80]

Wohlgemut

IL: Als Kind habe ich einen Kanon gelernt, der noch heute in mir nachklingt: „Singet frisch und wohlgemut / und lobet Gott, das höchste Gut, / weil er so große Wunder tut." Der Text geht auf den Beginn eines spätmittelalterlichen Weihnachtslieds zurück. Das Substantiv Wohlmut ist heute nicht mehr gebräuchlich. Schade eigentlich. Denn es gibt ja Wohl und Wehe. Also sollte es neben der Weh- auch den Wohlmut geben. Wie dem auch sei. Wohlgemut sein – froh, voller Wohlwollen, auch Wellness genießen könnend: all das schwingt mit. Jesus selbst, das göttliche Wunder, das im weihnachtlichen Kanon besungen wird, sorgt für das Wohl der Menschen, indem er Wunder wirkt. Die Erzählung von der Heilung eines Taubstummen schließt mit den Worten: „Sie [diejenigen, die dabei waren] wunderten sich über die Maßen und sprachen: ,Er hat alles wohl gemacht; die Tauben macht er hören und die Sprachlosen reden'" (Mk 7,37). Die Geheilten können wir uns als glücklich und fröhlich vorstellen: wohlgemut. Liebe tut einfach gut und fördert das Wohlsein, und zwar von Körper, Seele und Geist.

GF: Ich buchstabiere dazu den Gegensatz aus: Wann und wo ist mir unwohl und warum? Gerade das Tastende der Frage bringt mich auf die Wahrheit der Gefühle! Ich kann's noch nicht in Worte fassen oder symptomatisch dingfest machen, aber ich spüre: Da stimmt was nicht. Das Bauchhirn ist oft weiter als das Kopfhirn. Und oft kündigt sich gefühlsmäßig etwas an, was erst viel später auch reflexiv und sprachlich eingefangen werden kann. Aus Unwohlsein, wird es nicht gewürdigt, entsteht selten etwas Gutes. Gerade diese Stimmung will wahr- und ernstgenommen werden. Natürlich nicht Gefühlsduselei, jedenfalls auf Dauer nicht, aber auch keine Denunzierung der Stimmungen gegenüber der vermeintlich genaueren Reflexion. Allzu oft hat man aus dem, was zu Herzen geht und Gesamtbefinden betrifft, eine Lehre gemacht und bloß Sätze, die man lernen soll. Aber in Wahrheit geht es immer um die Stimmigkeit im Ganzen. Die Bibel hat dafür das unübersetzbare Wort „Barmherzigkeit": Es rührt einem die Eingeweide, heißt es wörtlich im Griechischen. Und im Hebräischen meint es den Mutterschoß und auch das Sonnengeflecht. Vielleicht würden wir heute von Ganz-Sein sprechen, eben von guter Stimmung. „Zum Wohl" also, schalom und salam, Mut dazu und wohl damit.

Zumutung

GF: „Das ist eine Frechheit", „das lasse ich mir nicht gefallen", „das geht über meine Kräfte", „das ist ja unmöglich" – das sind nur einige Redensarten, um das zu umkreisen, was niemand von sich aus sucht. Es geht ja wortwörtlich um Widrigkeiten des Lebens, mit denen man eigentlich nichts zu tun haben möchte – bis hin zu den berüchtigten Schicksalsschlägen. Es kommt uns etwas oder jemand wortwörtlich entgegen, und das passt uns jetzt nicht – und eigentlich überhaupt nicht. Es steht quer zu unseren Erwartungen und Vorstellungen und es hat den Charakter des Schicksalhaften und den

Geschmack des Unerbittlichen. Da ist nichts zu machen, ich muss mich dem stellen, ob gelegen oder ungelegen: flüchten oder standhalten, das ist die Frage.

In spiritueller Hinsicht ist entscheidend, sich den widrigen Umständen zu stellen und an ihnen zu wachsen. Denn „in den Tatsachen selbst ist Gott"[81]. „Die Umstände" sind unsere Glaubenslehrer*innen.[82]

So zeigt sich der höchst produktive Sinn von Zu-Mutungen. Da wird uns etwas zugetraut und zugesprochen. Da soll etwas von der Lebens- und Glaubenskraft ans Licht kommen, die in uns steckt und nun pro-voziert, herausgerufen und herausgefordert wird. In diesem Sinn ist Ingeborg Bachmanns Grundsatz wie ein Kompass durchs alltägliche Leben: „Die Wahrheit ist dem Menschen zumutbar."[83] Da wird nicht beschönigt und nicht dramatisiert, da gibt es keine „fromme" Flucht in Illusionen und Wunschwelten. Da schaut man den Tatsachen ins Gesicht und bringt den nötigen Mut auf, die Situation zu bestehen und zu verändern. Authentische Spiritualität ist eben kein „Opium des Volkes", sondern Mut zum endlichen Leben.

IL: Die biblischen Überlieferungen sind in diesem Sinn voller Zumutungen – und zwar wechselseitig zwischen Gott und Menschen. In einer langen Geschichte hat Alt-Israel zu lernen, wie hilfreich und wie befremdlich jene Gotteskraft ist, die ins wahre Leben führt: befreiend in Not und wunderbar rettend wie aus Ägypten und Babylon; aber auch widerständig wie im Jakobskampf und in Gethsemane. Dieser Gott ist wahrhaft ein großes Gegen-Über, unglaublich in seiner Nähe und Ferne, wahrhaft verlässlich in allem. Zu seiner alles schenkenden und alles nehmenden Liebe (Hiob 1) gehört die Konfrontation. Das gilt ja letztlich für jede starke und intime Beziehung. Theologisch heißt das „Gericht". Ein Gott, der keine Zumutung ist, wäre nur eine Projektion, etwas, das wir auf dem Schachbrett unserer Bedürfnisse hin- und herschieben würden, um doch allein zu bleiben. „Die Furcht Gottes ist der Anfang der Weisheit" (vgl. Spr 1,7), also höchster Respekt und wirkliche Ehr-Furcht. Denn seine Gedanken sind nicht unsere Gedanken (Jes 55,8).

Aber auch umgekehrt: Biblisch glauben heißt, sich dem ganzen Leben ungeschönt auszusetzen und sich einander und Gott zuzumuten. Abraham verhandelt mit Gott wie ein Kamelhändler: Die Betenden lassen nicht locker und machen diesen Gott haftbar. Deshalb ist neben dem Dank- das Bittgebet biblisch so zentral: einander zumuten und so „wahrhaftig sein in der Liebe und wachsen in allen Stücken zu dem hin, der das Haupt ist, Christus" (Eph 4,15).

Landläufig wird Zumutung einseitig als Frechheit oder Respektlosigkeit aufgefasst. Das positiv Herausfordernde ist nicht im Blick. So wird das (vermeintlich) Unzumutbare abgewehrt oder auch abgespalten. Ein nüchterner und realistischer Zugang zum Leben kann die unterschiedlichen Zumutungen und Widerfahrnisse wohl eher aushalten. Das Leben ist eine einzige Zumutung. Da wird uns etwas zugetraut. Zugleich ist uns eine Kraft verheißen, die uns hilft, das Leben zu meistern. Und es bleibt die Hoffnung, dass uns nicht mehr zugemutet wird, als wir tragen können (1 Kor 10,13), sodass wir Ja sagen können zum Leben, was auch immer es zumutet und wie auch immer uns zumute ist.

Anmerkungen

1   Martin Kolozs, Über Mut. Gedanken und Reflexionen, Innsbruck 2019.
2   „Ecclesia semper transformanda": Ein ökumenisches Schreibgespräch zwischen Irene Leicht und Gotthard Fuchs, in: inspiration. Zeitschrift für christliche Spiritualität und Lebensgestaltung, 45 (2019) 3, 41–47.
3   Dag Hammarskjöld, Zeichen am Weg. Das spirituelle Tagebuch des UN-Generalsekretärs, München 2001, 79 (Eintrag im Jahr 1952).
4   Paul Tillich, Der Mut zum Sein, München ²2015.
5   Das Zitat von Secunda findet sich bei Hugo Rahner, Die Märtyrerakten des 2. Jahrhunderts, Freiburg 1953, 78.
6   Marie Luise Kaschnitz, Kein Zauberspruch. Gedichte, Frankfurt 1972, 57.
7   Bei den Bibelzitaten benutzen wir „konfessionsübergreifend" entweder die Einheits- oder die Lutherübersetzung. „Die Bibel in gerechter Sprache" (BigS) oder „Das Neue Testament" von Fridolin Stier werden eigens gekennzeichnet.
8   Martin Buber, Die Erzählungen der Chassidim, Zürich ¹²1992, 434.
9   Im Duden-Kalender „Auf gut Deutsch! 2019" fand sich zum Freitag, den 13. September, folgender Eintrag: „Der Mut ist eindeutig männlich. Also könnte man vermuten, dass auch alle zusammengesetzten Formen männlich sind. Doch das ist leider nicht der Fall. Manche dieser Wortbildungen wurden nämlich auf dem Umweg über ein Adjektiv zum Substantiv und sind als solches weiblich: Die Sanftmut z. B. geht auf sanftmütig zurück. Da man auch mit der geduldigsten Langmut den Wörtern nicht anmerkt, woraus sie entstanden sind, hilft nur eines: Merken Sie sich den richtigen Artikel!" (Hervorhebungen dort).
10 Meister Eckhart, Predigt 53, in: Ders., Werke I, hg. von Niklaus Largier, Frankfurt ²2020, 565.
11 Madeleine Delbrêl, Gebet in einem weltlichen Leben, Einsiedeln 1974, 118.
12 Michael Gelb, Körperdynamik. Eine Einführung in die Alexander-Technik, München 1986, 92f.
13 Diese Informationen verdanken wir Prof. Dr. Hans Ulrich Schmid. Aus einer Mail von ihm: „Zunächst das Wort ,Mut'. Es ist über die germanische Grundsprache verwandt u. a. mit englisch mood. Lautgesetzlich ergab sich daraus althochdeutsch/mittelhochdeutsch muot [...]. Erst im Neuhochdeutschen ergab sich ,Mut' mit simplem ,u'. Das alt- und mittelhochdeutsche Wort (übrigens ein Neutrum) hatte noch nicht die heutige Bedeutung ,Courage, Tapferkeit' u. Ä., sondern bedeutete ,Sinn, Gesinnung, innere Verfasstheit'." Weitere Informationen unter https://bit.ly/3n9JNs (Stand: 21.4.21).
14 Vgl. Raoul Manselli, Franziskus. Der solidarische Bruder, Freiburg 1995.
15 Meister Eckhart, Predigt 52, in: Ders., Werke I, hg. von Niklaus Largier, Frankfurt ²2020, 551.
16 Meister Eckhart, Reden der Unterweisung Nr. 16, in: Ders., Werke II, hg. von Niklaus Largier, Frankfurt 2008, 383.
17 Theodor W. Adorno, Minima Moralia, Nr. 29, Frankfurt 1951, 80.

18 In dem 1963 veröffentlichten utopischen Roman „Island" lässt er einen fiktiven Isländer dieses Gebet sprechen. Zitiert nach Harvey Cox, Die Zukunft des Glaubens. Wie Religion wieder zu den Menschen kommt, Freiburg 2010, 238.

19 https://www.ekd.de/Stuttgarter-Schulderklarung-11298.htm (Stand: 18.4. 2021)

20 Paul M. Zulehner, Christenmut. Geistliche Übungen, Gütersloh 2010, zu den folgenden Zitaten 131f.

21 Maja Göpel, Unsere Welt neu denken. Eine Einladung, München [8]2020, 187–189.

22 Friedrich Nietzsche, in: Menschliches, Allzumenschliches I 2 (in: KSA Bd. 2, hg. v. Colli-Montinari), München 1980, 87.

23 Vgl. Simone Weil, Betrachtungen über den rechten Gebrauch des Schulunterrichts und des Studiums im Hinblick auf die Gottesliebe, in: Dies., Zeugnis für das Gute. Spiritualität einer Philosophin, Düsseldorf 1998, 52–62, 56: „Wenn man sich [...] gewaltsam zwingt, den Blick der Augen und der Seele auf eine aus Dummheit verpfuschte Schularbeit zu heften, dann fühlt man mit unwiderstehlicher Deutlichkeit, dass man etwas Mittelmäßiges ist. Es gibt keine wünschenswertere Erkenntnis." Diesen Absatz leitet sie ein mit den Worten, dass sich hierdurch die Tugend der Demut erwerben lasse.

24 Vgl. dazu Eberhard Bethge, Dietrich Bonhoeffer. Eine Biographie, Gütersloh [8]2004, 994: Bonhoeffer hat den alten Hoheitstiteln Jesu einen neuen hinzugefügt, „der verständlich und tiefsinnig zugleich ist: ,Der Mensch für andere'".

25 Rachel Naomi Remen, Aus Liebe zum Leben. Geschichten, die der Seele gut tun, Freiburg 2009, 203f.

26 Vgl. Teresa von Avila, Wohnungen der Inneren Burg, vollständige Neuübertragung (Gesammelte Werke Bd. 4), Freiburg 2005, 318 (Sechste Wohnung, Kapitel 10, Abschnitt 7).

27 Dag Hammarskjöld, Zeichen am Weg, Eintrag am 29.7.1959, München 2001, 148, Hervorhebungen im Text.

28 https://quaeker.org/ueber-quaeker/was-ist-einmuetigkeit/ (Stand: 18.4.21)

29 Teresa von Avila, Weg der Vollkommenheit (Kodex von El Escorial), vollständige Neuübertragung (Gesammelte Werke Bd. 2), Freiburg 2003, 198f: Teresa erinnert diejenigen, die vom „Wasser des Lebens trinken und den Weg gehen möchten, bis sie selbst zur Quelle vorstoßen [...], dass viel, ja alles an einer großen und ganz entschlossenen Entschlossenheit gelegen ist, um nicht aufzuhören, bis man zur Quelle vorstößt, komme, was da kommen mag, passiere, was passieren mag ..." (Kapitel 35, Abschnitt 2).

30 Vgl. Apostolisches Schreiben Gaudete et Exsultate. Über den Ruf zur Heiligkeit in der Welt von heute, vom 19.3.2018, Nr. 132 und 140 (Verlautbarungen des Apostolischen Stuhls Nr. 213), 69 und 72.

31 Michel Foucault, Diskurs und Wahrheit. Die Problematisierung der Parrhesia. Sechs Vorlesungen, gehalten im Herbst 1983; hg. v. J. Pearson, Berlin 1996, 93f.

32 Mascha Kaléko, Mein Lied geht weiter. Hundert Gedichte, ausgewählt und herausgegeben von Gisela Zoch-Westphal, München [2]2007, 89f.

33 Matthias Claudius, Gedichte und Prosa. Werke in einem Band, ausgewählt und mit einem Nachwort versehen von Dr. Uwe Lassen, Hamburg o. J., 36f. „Täglich zu singen" ist dieses Gedicht überschrieben. Wie vieles nicht machbar ist, kommt in einer weiteren Strophe des Gedichts schön zum Ausdruck: „Und all das Geld und all das Gut / Gewährt zwar viele Sachen; / Gesundheit, Schlaf und guten Mut / Kann's aber doch nicht machen."

34 Zitiert nach Louise Gnädinger, Johannes Tauler. Lebenswelt und mystische Lehre, München 1993, 246. Tauler benutzt häufig variierend die Begriffe Grund, Gemüt und Geist, um das Unbenennbare im Menschen auszudrücken, das ihn mit Gott verwandt sein lässt bzw. seine Gottebenbildlichkeit und Gottförmigkeit veranschaulicht. Vgl. auch Bernard McGinn, Die Mystik im Abendland, Bd. 4, Freiburg 2008, 436–452.

35 Paul Tillich, Wesen und Wandel des Glaubens, Berlin 1966, 115–119.

36 Margareta Porete, Der Spiegel der einfachen Seelen, Kevelaer 2010, 34 (Kapitel 7). Nächstes Zitat aus Kapitel 11, 42.

37 Ignatius von Loyola, Geistliche Übungen Nr. 23; die Übersetzung stammt von dem Jesuiten David Fleming; https://bit.ly/3dDgKdF (Stand: 18.4.21).

38 Madeleine Delbrêl, Gebet in einem weltlichen Leben, Einsiedeln 1974, 114.

39 Vgl. zu diesem Thema Ludwig von Dobeneck, Dietrich Bonhoeffer – ein Held? Tiefenpsychologische Zugänge, Gütersloh 2013, 28–32.

40 Hilde Domin, Gesammelte Gedichte, Frankfurt ⁶1987, 117. Zur Löwengrube und dem feurigen Ofen vgl. die Geschichte unter dem Stichwort „Glaubensmut".

41 Vgl. Papst Franziskus, Apostolisches Schreiben Gaudete et Exsultate. Über den Ruf zur Heiligkeit in der Welt von heute, vom 19.3.2018, Nr. 17 (Verlautbarungen des Apostolischen Stuhls Nr. 213), 14.

42 Vgl. Viktor E. Frankl, ... trotzdem Ja zum Leben sagen. Ein Psychologe erlebt das Konzentrationslager, München 2009 [erstmals erschienen die drei Vorträge 1946].

43 Franz Kafka, „Du bist die Aufgabe". Aphorismen, Göttingen 2019, 221.

44 Paul Tillich, Der Mut zum Sein, München ²2015, 128f (Hervorhebung im Text).

45 Meister Eckhart, Reden der Unterweisung Nr. 4, in: Ders., Werke II, hg. von Niklaus Largier, Frankfurt 2008, 343 (Hervorhebungen dort). Das nächste Zitat ebd., Nr. 12, 373.

46 Duns Scotus, Opus Oxoniense III d.32 q.1 n.6: Deus vult alios condiligentes.

47 Apostolisches Schreiben Gaudete et Exsultate. Über den Ruf zur Heiligkeit in der Welt von heute, vom 19.3.2018, Nr. 126 (Verlautbarungen des Apostolischen Stuhls Nr. 213), 66.

48 Dorothee Sölle, Mutanfälle, Hamburg 1993, 33; Hervorhebungen im Original.

49 Katharina von Siena, Politische Briefe, hg. v. F. Strobel, Einsiedeln-Köln 1944, 75.

50 Friedrich Nietzsche, Jenseits von Gut und Böse, Aph. 168 (in: KSA Bd. 5, hg. v. Colli-Montinari), München 1980, 102.

51 Dietrich Bonhoeffer, Nachfolge, hg. v. M. Kuske und I. Tödt (Dietrich-Bonhoeffer-Werke Bd. 4), München 1989, 29f.

52 Madeleine Delbrêl, Die Liebe ist unteilbar (indivisible amour), Freiburg 2000, 75.

53 Bert Brecht, Legende von der Entstehung des Buches Taoteking auf dem Weg des Laotse in die Emigration, in: Ders., Die Gedichte, Frankfurt a. M. ⁷1993, 660–663.

54 Franz von Sales, Philothea. Anleitung zum frommen Leben, Eichstätt 2005, 160-165. Hervorhebungen im Text.

55 Jorge Bucay, Das Buch der Trauer. Wege aus Schmerz und Verlust, Frankfurt a. M. ²2016, 88f.

56 Rainer Maria Rilke, Briefe an einen jungen Dichter, in: Ders., Werke. Kommentierte Ausgabe in vier Bänden, hg. von M. Engel u. a., Frankfurt 1996, Bd. 4, 541.

57 Romano Guardini, Vom Sinn der Schwermut, Kevelaer 2003, 49f.

58 Hugo von St. Viktor: Über die Meditation. Übersetzt von Gisbert Greshake (Sources Chrétiennes 155), Paris 1969, 52f.

59 In: Willi Hoffsümmer, Kurzgeschichten I, Mainz ⁹1987, 60.

60 Im Internet leicht zu finden.

61 Vgl. B. Miller (Hg.), Weisung der Väter, Freiburg 1965, 58.

62 Meister Eckhart, Reden der Unterweisung Nr. 16, in: Ders., Werke II, hg. von Niklaus Largier, Frankfurt 2008, 341.

63 Ignatius spricht in einem bewegenden Brief (Nr. 101) aus Rom 1545 an Franz von Borgia davon, wie sehr wir Menschen dem ständigen Wirken Gottes im Wege stehen können und selbst Hindernis unseres Glücks und unserer Vollendung sind. In: Ignatius von Loyola, Briefe und Unterweisungen, Würzburg 1993, 103–107, bes. 104f. Auch bei Pascal ist kein wörtlicher Beleg zu finden.

64 Thomas Merton, Christliche Kontemplation. Ein radikaler Weg der Gottessuche, München 2010, 160-164.

65 Michael Klessmann, Ambivalenz und Glaube. Warum sich in der Gegenwart Glaubensgewissheit zu Glaubensambivalenz wandeln muss, Stuttgart 2018, 191f.

66 Michel de Certeau, Mystische Fabel, Berlin 2010, 487.

67 Vgl. Nikolaus von Kues, De coniecturis/Mutmaßungen, in: Ders., Philosophisch-theologische Werke Lateinisch-deutsch, Hamburg 2002, Bd. 2, 1–217. Zur „docta ignorantia" vgl. Bd. 1 dieser Werkausgabe.

68 Hans-Peter Dürr, Auch die Wissenschaft spricht nur in Gleichnissen. Die neue Beziehung zwischen Religion und Naturwissenschaften, Freiburg ⁶2009.

69 Z. B. in „Vom Gott-Sehen" Kap 16, in: Nikolaus von Kues: Philosophisch-Theologische Schriften I–III, Wien 1967, Bd. III, 167.

70 Leo d. Gr., in: Heinrich Denzinger/Peter Hünermann, Kompendium der Glaubensbekenntnisse und kirchlichen Lehrentscheidungen, Freiburg 1991, 137.

71 Vgl. eine Zusammenfassung dieses Ansatzes unter: https://akd-ekbo.de/wp-content/uploads/AKD_RU_zeitspRUng_2019-1_S37-38.pdf.

72 Karl Rahner, Die grundlegenden Imperative für den Selbstvollzug der Kirche in der gegenwärtigen Situation, in: Sämtliche Werke Bd. 19 (Selbstvollzug

der Kirche. Ekklesiologische Grundlegung praktischer Theologie), Freiburg i.Br. 2005, 297–316, hier 314.

73 Bernardi Opera IV (1966), 340, 8–12 (In Purificatione S. Mariae, Sermo sec, 3): „in via vitae non progredi regredi est"; Meister Eckhart, Reden der Unterweisung Nr. 21, in: Ders., Werke II, hg. von Niklaus Largier, Frankfurt 2008, 409; Teresa von Avila, Wohnungen der Inneren Burg, vollständige Neuübertragung (Gesammelte Werke Bd. 4), Freiburg 2005, 318 (Siebte Wohnung, Kapitel 4, Abschnitt 9), 365.

74 Martin Luther, in: Weimarer Ausgabe 7 (Schriften 1520/21), 336, 31–36.

75 John Henry Newman, Über die Entwicklung der Glaubenslehre, in: W. Becker u. a. (Hg.), Ausgewählte Werke VIII, Mainz 1969, 41. Friedemann Schulz von Thun zufolge hat Luise Rinser das Wort „wandelmutig" geprägt. In seinem Konzept des „inneren Teams" bringt dieser Begriff die personale Bandbreite eines Individuums zum Ausdruck. Vgl. Ders., Miteinander reden 3: Das „Innere Team" und situationsgerechte Kommunikation, Hamburg [28]2019, 272f.

76 Johann Wolfgang v. Goethe, Faust, hg. von Albrecht Schöne, Darmstadt 1999, 57.

77 Karl-Josef Kuschel, Weil wir uns auf dieser Erde nicht ganz zu Hause fühlen, München 1986, 65f.

78 Dorothee Sölle, Ich will nicht auf tausend Messern gehen. Gedichte, München [2]1987, 103.

79 Brief vom 18.11.53, in: Annette Schleinzer, Die Liebe ist unsere einzige Aufgabe. Das Lebenszeugnis der Madeleine Delbrêl, Stuttgart 2014, 203.

80 Zitiert in Ludwig von Dobeneck, Dietrich Bonhoeffer – ein Held? Tiefenpsychologische Zugänge, Gütersloh 2013, 253.

81 Dietrich Bonhoeffer, Brief vom 23. Januar 1944, in: Widerstand und Ergebung, Gütersloh [11]1980, 101.

82 Madeleine Delbrêl, Wir Nachbarn der Kommunisten, Einsiedeln-Freiburg 1975, 51.

83 Titel der Rede anlässlich der Verleihung des Hörspielpreises der Kriegsblinden 1959.

Autorin und Autor

Dr. Gotthard Fuchs (Jg. 1938), ist katholischer Priester und war viele Jahre Direktor der Katholischen Akademie Rabanus-Maurus der Diözesen Fulda, Limburg und Mainz. Als Seelsorger und Referent beschäftigt er sich vor allem mit Fragen christlicher Mystik im neo- und interreligiösen Zeitgespräch sowie mit dem Verhältnis von Theologie und Psychologie.

Dr. Irene Leicht (Jg. 1965), ist evangelische Pfarrerin und Gestalttherapeutin (HPsych). Sie hat im Bereich mittelalterlicher Mystikforschung promoviert und interessiert sich für therapeutisch-spirituelle Ansätze. Nach Tätigkeiten an der Universität und in der Erwachsenenbildung ist sie heute Pfarrerin in der Stadtkirchengemeinde Emmendingen.